Hubert Kößler und Armin Bettinger (Hrsg.)
Vater*gefühle*

Hubert Kößler und
Armin Bettinger (Hrsg.)

Vatergefühle

Männer zwischen
Rührung, Rückzug
und Glück

KREUZ

Inhalt

Vorwort

»Vatergefühle? Gibt's sowas überhaupt?« Unser gemeinsamer Freund Ekkehard kann manchmal sehr direkt sein. Und dann legt er auch gleich los: Männer täten sich schwer mit Gefühlen. Sie machten lieber zehn Überstunden im Betrieb, als eine einzige in ihre Beziehung zu investieren. Schon kleine Jungen könnten nicht weinen. Das wisse doch jeder. Ob wir etwa mit unserem Buch den Gegenbeweis antreten wollten?

Da können wir ihn beruhigen: Das wollen wir durchaus nicht. Wir glauben nicht, dass Männer das eigentlich sensible Geschlecht sind. Auch wir sind Männer, die manchmal kein Wort und erst recht keine Träne herausbringen, wenn es ans Eingemachte geht.

Nein, wir wollen keine weitere erfahrungsblasse Mutmaßung über das Wesen des Mannes vorlegen: Ist er nun beziehungsfähig oder nicht? Kann er nun über seine Gefühle reden oder nicht? Hat er nun Angst vor Nähe oder nicht?

Uns erscheint es viel spannender, nach dem konkreten Erleben von Männern zu fragen. Darum haben wir zehn Männer gebeten, von ihren Erfahrungen zu erzählen. Zehn Männer, die es wissen müssen. Fast alle sind selbst Väter; und alle sind kompetent, über das Thema zu sprechen.

Wir wollten wissen, was Männer an den wichtigsten Stationen einer Vaterbiografie erleben: Was brauchen Väter und wozu können Kinder ihre Väter brauchen? Wie geht es einem Mann, der gerade erfahren hat, dass er Vater wird? Wie verändert sich die Sexualität mit der Partnerin, wenn ein Kind da ist? Welche Erfahrungen macht der Vater eines behinderten Kindes? Wie kann ein Vater mit seiner Wut umgehen? Warum verstummen so viele Männer, wenn sie Vater geworden sind? Kann man Vater sein, obwohl man von seinen Kindern getrennt lebt? Wie geht es einem Vater, dessen erwachsene Kinder aus dem Haus ziehen? Was bedeutet es, den liebevollen Blick des Vaters im Rücken zu spüren? Wie ist Versöhnung mit dem eigenen Vater möglich?

Herausgekommen sind zehn zum Teil sehr persönliche Berichte, in denen das Schweigen der Väter durchbrochen wird. Sie erzählen, wie Männer versuchen, ihr Vatersein zu leben. Sie beschreiben, wie das manchmal glückt, aber auch immer wieder misslingt. Sie benennen die Fallen, in die man geraten kann. Und sie zeigen auf, was ein Mann braucht, um Vater zu sein.

Uns beeindrucken diese Berichte. Sie ergreifen Partei für die Väter, ohne die Augen vor den Defiziten zu verschließen. Sie befragen kritisch die eigene Rolle, ohne sich selbst anzuklagen. Sie sprechen von Gefühlen und bleiben gleichzeitig sachlich und klar.

Dadurch sind diese Beiträge für Väter und für alle, die Väter verstehen wollen, hilfreich. Und so leisten sie nicht zuletzt einen wichtigen Beitrag zum Gespräch – unter Männern, aber auch zwischen Frauen und Männern.

Vor Gebrauch schütteln

Wozu man einen Vater gebrauchen kann

ARMIN BETTINGER

Endlich sitze ich im Zug. Ich schaue zum Fenster raus, durch die Landschaft hindurch, hänge meinen Gedanken nach und versuche zu verstehen, warum mir jetzt fast zum Heulen zumute ist. Eine Fünf. Die erste in seinem Leben. Unser elfjähriger Sohn geht seit ein paar Wochen aufs Gymnasium. Die Umgewöhnung fällt ihm schwer. Mit Latein hat er am meisten zu kämpfen. Und jetzt die erste Schulaufgabe, ausgerechnet in Latein. Ich habe noch mit ihm gelernt. Er hat sich bemüht, und er hatte gehofft: »Vielleicht schaffe ich eine Zwei.« Er hatte sich vor einer Fünf oder Sechs gefürchtet.

Und jetzt sitze ich im Zug. Ich hatte vor zehn Minuten daheim angerufen, weil ich es vermutlich nicht mehr vor dem Zubettgehen der Kinder schaffen würde heimzukommen. Und ich wollte unbedingt wissen, wie es ihm ergangen war, sie sollten nämlich heute die Schulaufgabe zurückbekommen. »Er hat eine Fünf«, sagte meine Frau am Telefon. »Jetzt ist er draußen zum Spielen. Er tut mir so Leid.«

Mir tut er auch Leid. Es tut mir in der Seele weh. Ich stelle mir vor, wie angst und bang ihm beim Austeilen der benoteten Arbeiten zumute gewesen sein muss, wie sehr er sich vielleicht vor den anderen in der Klasse geschämt hat. Ob er an sich zweifelt, den Mut verliert, noch unsicherer wird?

9

Ich denke, jetzt braucht er uns Eltern, jetzt braucht er mich als Vater. Doch was braucht er wohl am dringendsten von mir? Mitgefühl dafür, dass es ihm jetzt schlecht geht? Aufmunterung: »Beim nächsten Mal sieht das alles ganz anders aus«? Einen »Tritt in den Hintern«: »Streng dich gefälligst mehr an?« Beschwichtigung: »Auf die Latein-Note kommt es im Leben sowieso nicht an«? ... Ich merke, wie schwer es für mich ist, herauszufinden oder zu erspüren, was unser Sohn jetzt von mir braucht, was jetzt seine akuten Bedürfnisse sind. Zum Glück habe ich noch drei Stunden Zugfahrt vor mir. Da kann ich meine Gefühle und Gedanken in Ruhe sortieren.

Auch im »Vatersein« eine Fünf?

Wenn ich mit etwas Abstand von so einer bedrängenden Situation mir diese Fragen stelle: Welche Bedürfnisse haben unsere Kinder? Was brauchen sie von mir als Vater? Wozu können Kinder überhaupt ihren Vater gebrauchen?, dann kommt mir zunächst eine bunte Sammlung von Ideen in den Kopf, die wir in einer Väterrunde einmal zusammengetragen haben. Wir Väter sind in dieser Runde in die Rolle eines unserer Kinder geschlüpft und haben dann (als Kinder) unsere Vorstellungen davon erzählt, wozu unsere Kinder uns (die Väter) brauchen können. Heraus kam unter anderem Folgendes:

Wozu ich meinen Vater ge-brauchen kann...

... um finanzielle Lücken zu schließen, ... für technische Hilfe und Reparaturen aller Art, ... um von ihm gedrückt und in den Arm genommen zu werden, ... zum

Kuscheln, ... zum Zähneputzen, ... zum Geschichten Vorlesen, ... zum Trösten, ... um mein Rufen in der Nacht zu hören, ... zum Streiten, ... um ihm ein schlechtes Gewissen zu machen, ... zum Pommes Frites Essen, ... zum faul Sein, ... damit er mich alleine machen lässt, ... zum Aufräumen, ... zum traurig Sein, ... zum Tanzen, ... zum Genießen und Lachen ...

Wir waren beeindruckt von der Menge und der bunten Vielfalt, die uns eingefallen war. Ganz alltägliche und banale Erwartungen, aber auch elementare Grundbedürfnisse unserer Kinder waren hier angesprochen.

Im Gespräch machte sich neben dem Stolz, dass wir doch in vielen Dingen offenbar wichtig für unsere Kinder sind, bei manchem auch ein Bedauern breit. Das eine oder andere schlechte Gewissen regte sich: Wir bleiben nur allzu oft weit hinter dem zurück, was wir gerne für unsere Kinder sein möchten oder vermutlich sein sollten.

Diese Art von Gefühlsmischung kenne ich selbst auch ganz gut.

Dabei habe ich doch so ideale Vorstellungen davon, welche Bedeutung ein Vater für die Erfüllung elementarer Grundbedürfnisse seines Kindes hat. So soll ein Vater zum Beispiel seinem Kind Halt und Unterstützung bieten, soll es fördern und auch etwas von ihm fordern, soll es ermutigen, soll es anerkennen und bestärken, soll ihm ein klares Gegenüber sein und ihm Möglichkeiten zur Auseinandersetzung bieten, soll ihm Geborgenheit und Wärme schenken und auch für seinen Schutz sorgen, und so weiter.

Ich merke schon, je mehr Ideale ich aufzähle, desto mehr rutsche ich mit meiner eigenen »Vater-Leistung« in den roten Bereich »Vorrücken gefährdet«.

Ich kenne Situationen, in denen ich voller Stolz das Gefühl habe: Jetzt habe ich meinem Kind etwas Wesentliches gegeben, das hat es jetzt unbedingt gebraucht, und das hat ihm so gut getan. Gerade im richtigen Moment war ich für es da. Tiefe Erfüllung, Freude, Stolz und ein sicheres Gefühl, als Vater wichtig zu sein, stellen sich als Highlights im väterlichen Alltag ein.

Aber ich kenne auch die Situationen, in denen der Gedanke, ich bin jetzt wichtig für mein Kind, sich lediglich als mein Wunschbild entpuppt und mich nachher das beklemmende Gefühl beschleicht, wahrscheinlich hätte mein Sohn das ohne mich viel besser geregelt, und wenn ich gar nicht da gewesen wäre, wäre der Frust aller Beteiligten nur halb so groß gewesen. Oder Situationen – und die bohren am meisten –, in denen ich mir im Nachhinein ziemlich sicher darüber bin, was mein Kind von mir gebraucht hätte, und es umso mehr schmerzt, dass ich anscheinend nicht in der Lage war, ihm dies zu geben.

Meine eigenen Bedürfnisse als Vater deutlicher spüren

Eine solche Situation waren für mich die ersten Tage, Nächte und Wochen nach der Geburt unseres ersten Kindes. In dieser Zeit, der ersten Phase meines Vaterseins, habe ich – vielleicht kann man es so sagen – in diesem Fach auch gleich meine erste »Fünf minus« kassiert. Unser Kind, das nächtelang geschrien und sich nicht beruhigt hat, hätte wohl Halt und Sicherheit, Geborgenheit und Entspannung, Gelassenheit und Standfestigkeit von seinem Vater gebraucht – und es hat einen Vater erlebt, der nach den ersten schlaflosen Nächten nicht mehr gewusst hat, wie er weitere derselben Art noch durchstehen kann, der nach einiger Zeit völlig entkräftet und genervt und vor allem hilflos, weil das Kind sich nicht beruhigen ließ.

Heute weiß ich, dass ich damals als junger Vater total überfordert war: Mein Berufsanfang, das schreiende Baby, unsere Verunsicherung, die Veränderungen in der Partnerschaft, die kräfteraubenden Nächte ... Das konnte ich mir damals überhaupt nicht eingestehen. Ich war viel zu sehr damit beschäftigt, mir und allen anderen zu beweisen, dass wir das schon schaffen, dass ich ein guter Vater sein werde, dass wir keine Hilfe brauchen. So war mein Verhalten wohl stärker von meinem eigenen (geheimen) Bedürfnis geleitet, nämlich mich als unabhängig und souverän zu beweisen, als von dem Gespür dafür, was unser Kind jetzt wirklich braucht. Auch wenn ich die ganze Zeit eigentlich gedacht habe, ich kümmere mich doch um fast nichts anderes mehr als um die Bedürfnisse unseres Kindes.

So meine ich, der Schlüssel dafür, im Fach »Vatersein« mit der Zeit von einer »Fünf minus« auf eine »Vier« oder »Drei« zu kommen, liegt vor allem darin, meine eigenen Bedürfnisse als Vater genauer und tiefer wahrzunehmen. Denn wenn meine »geheimen« Bedürfnisse nicht mehr geheim bleiben, sondern ich mir ihrer bewusst werde, dann kann ich auch etwas für sie tun. Ich hätte mir in der Situation damals zum Beispiel Unterstützung von jemandem holen können. Damit wäre dann mein Blick langsam frei geworden für das, was mein Kind jetzt von mir braucht. Oder anders ausgedrückt: Es kommt darauf an, wachsam und sensibel zu sein für das, was die Begegnung, das Zusammensein, die Auseinandersetzung mit meinem Kind in mir wachruft, in mir auslöst. Und dann kann ich mich fragen: Werden da eigene Erfahrungen von mir als Kind wieder wach? Tauchen da schon längst für erledigt gehaltene Wünsche und Sehnsüchte in mir auf? Oder noch einmal anders gesagt, in einem Bild: Manche Lebensmittel und auch manche Medikamente muss man vor Gebrauch kräftig schütteln. Erst dann entfalten sie ihr ganzes Aroma, ihren kräftigen Geschmack, ihre Wirkung. Ich denke, unsere Kinder sorgen schon dafür, dass ich als ihr Vater ebenfalls von Zeit zu Zeit kräftig geschüttelt werde. Und das wirbelt dann allerhand auf, was sich an Erinnerungen, Erfahrungen, Verletzungen und Sehnsüchten auf dem Boden meiner Seele abgesetzt hat. Da kommt manches hoch. Und das kann ich dann noch einmal anschauen, kann manches vielleicht besser verstehen und schließlich auch wieder – im günstigsten Fall: versöhnter – loslassen. Dadurch dass ich den »Satz« meiner Erfahrungen anschaue, – und zwar nicht anklagend gegen irgend jemand, sondern mit der Absicht, mich jetzt besser zu verstehen – werden mir meine Reaktionen auf Verhalten oder Bedürfnisse meines Kindes bewusster. Und dann kann ich auch bewusster und klarer damit umgehen, zum Beispiel kann ich aktiv etwas für unerfüllte Sehnsüchte, die ich auf einmal in mir entdecke, tun und kann dadurch offener und freier werden für die Begegnung mit meinem Kind. Das Vatersein verändert sich dadurch. In konkreten Situationen kann ich langsam deutlicher unterscheiden zwischen dem, was mein Kind jetzt von mir braucht, und dem, was das konkrete Erleben meines Kindes in mir auslöst oder aufwirbelt. Zum Beispiel wenn mein Kind Angst hat: Schutz und Sicherheit kann ich meinem Kind dann leichter bieten, wenn ich meine eigene Angst kenne, wenn ich spüre, was mich ängstigt oder als Kind geängstigt hat, und wenn ich Erfahrungen damit habe, wie ich mit meiner Angst umgehen kann. Oder: Anerkennung und Achtung kann ich meinem Kind dann besser schenken, wenn ich selbst genügend davon bekomme und erlebe. Wenn das nicht der Fall ist und ich nicht wahrnehme, dass ich mich im Grunde sehr nach Anerkennung sehne, dann werde ich, ohne das zu merken, mir meine Anerkennung von meinen Kindern holen wollen. Dadurch kommen sie dann in eine Rolle, die sie maßlos überfordert. Außerdem bekommen sie letztlich nicht das, was sie von mir brauchen: meine Anerkennung.

Jedenfalls ist das eine der wichtigen Erfahrungen meines Lernfeldes Vatersein: Vor Gebrauch gut durchgeschüttelt, bin ich als Vater von meinen Kindern für allerhand ziemlich gut zu gebrauchen.

Ausgewählte Beispiele:
Wozu ein Kind seinen Vater ge-brauchen kann ...

Die folgenden Beispiele kann man in zweierlei Hinsicht lesen: Zum einen sind es Beispiele dafür, wozu mein Kind mich als Vater brauchen kann. Zum anderen kann ich mich anhand dieser Beispiele als erwachsener Mann fragen: Wie war das für mich, als ich Kind war? Was hat sich bei mir da an Erfahrungen abgesetzt und kann jetzt wieder aufgewirbelt werden? Und vielleicht sogar: Wo kann ich heute noch als Erwachsener (mit dem immer noch bedürftigen Kind in mir) eine solche Vaterfigur brauchen?

... um mit ihm zu kämpfen

Eine meiner Lieblingsbeschäftigungen ist: Mit unseren Kindern kämpfen. Auf dem Teppich herumwälzen, sich

15

übereinander ins Bett schmeißen, zupacken, ringen, lachen, schwitzen, keuchen, Kräfte messen, zuschlagen, ohne wirklich zu verletzen. »Na warte, ich krieg dich.« Miteinander kämpfen, so finde ich, ist eine fantastische Art, sich nahe zu sein.

In einem Väter-Seminar haben wir Väter einmal Hahnenkampf miteinander gespielt. Immer zwei kämpften gegeneinander. Jeder durfte nur auf einem Bein hüpfen, musste die Arme vor der Brust verschränkt halten und versuchen, den Gegner aus dem Gleichgewicht zu schubsen. Wir hatten nicht nur viel Spaß dabei. Das Miteinander war so auf einmal handgreiflich und konkret geworden. Und ein starkes Gefühl für die Kräfte, die wir in uns haben, war spürbar geworden. Einer hatte das als Anregung für sich genommen: So lustvoll, lebendig und kraftvoll möchte ich gerne, dass unsere Kinder mich erleben.

Was Kindern so gut tut, wenn sie mit ihrem Vater kämpfen können, ist, dass sie deutlich spüren: Egal, wie ich mich aufführe, egal, welche Tricks und Kniffe ich anwende, egal, wieviel Wut ich in meinen Angriff hineinlege, der ist stark genug, der hält das schon aus, das wirft den nicht um. Wenn ein Kind in seinem Gegenüber diese Stärke und Kraft spürt, dann kann es seine eigenen Kräfte ausprobieren, dann kann es dabei lernen, seine eigenen auch heftigen Gefühle kennen zu lernen, auszuagieren und zu kontrollieren. Und das gilt dann nicht nur für den körperlichen Kampf, sondern auch für jegliche Art von Ringen in der Beziehung zum Vater. Wenn das Kind spürt: Der hält mich aus, egal, wie ich ihm komme, der kippt nicht um, der weicht nicht aus, der reagiert nicht so, dass er mich niedermacht, der bleibt standhaft in der Auseinandersetzung, in der Beziehung, dann kann es im Kampf mit seinem Vater seine eigenen, manchmal erschreckenden, Kräfte gesund entfalten.

Als Sohn im Rollenspiel im Rahmen einer Fortbildung hatte ich einmal die Aufgabe, gegen alles und jeden in der Familie zu stänkern und zu meckern. Was ich auch mit zunehmender Begabung und steigendem Genuss versuchte. Der Vater in unserer Rollenspiel-Familie wollte sich aus allem raushalten. Das meiste, was wir beredeten, war ihm ziemlich wurscht, er wollte sich schon gerne nach den anderen richten. Als schließlich Mutter und Tochter das Zimmer verließen, wandte sich der Vater mir zu, anders als vorher: entschiedener, klarer, verbindlicher. Jetzt will ich von dir wissen, was du eigentlich willst, forderte er mich heraus. Ich spürte die Veränderung. Mir wurde mulmig und leichter zugleich. Jetzt war er bereit und in der Lage, sich der Auseinandersetzung mit mir zu stellen, er war bereit, mit mir zu kämpfen, jetzt wurde Beziehung zwischen uns möglich.

... um von ihm beim Fußball angefeuert zu werden

Ich bin mal wieder mit unserem jüngeren Sohn auf dem Fußballplatz. Sie haben ein Spiel. Es geht um Punkte. Die Achtjährigen spielen begeistert. Mal verträumt, mal engagiert, mal kämpferisch, mal mit Tränen in den Augen und mal mit gesenktem Kopf.

Neben mir feuert ein anderer Vater seinen Sohn an: Jetzt schieß doch! Geh ran! Da rüber! Na los! Ich feuere meinen Sohn natürlich auch an. Doch wenn es der Kollege neben mir tut, zucke ich jedesmal zusammen – so laut und heftig brüllt dieser Vater seinem Sohn Unterstützung zu.

In einem Väter-Seminar erinnerten sich die Väter einmal an eine Situation, in der sie als kleiner Junge eine große Sehnsucht, ein starkes Bedürfnis nach ihrem Vater hatten. Mir ist die kurze Äußerung eines Mannes im

Gedächtnis haften geblieben. Auf die Frage, wer etwas von dieser erinnerten Situation erzählen will, deutete er nur an: Ich war auf dem Fußballplatz. Was er sich da auf dem Fußballplatz von seinem Vater gewünscht hat, hat er nicht erzählt.

Wenn da nun ein Vater gewesen wäre, der doch nur das Beste für seinen Sohn will, der ihm lautstark seine »Unterstützung« zubrüllt, der aus dem mittelmäßigen, aus Spaß am Ballspielen mitkickenden Jungen einen durchsetzungsfähigen, kämpferischen, spritzigen, erfolgreichen kleinen Fußballstar machen will, – ich vermute, der Junge wäre mit seinem eigentlichen Bedürfnis trotzdem leer ausgegangen.

So ein Fußball spielender, um die Anerkennung seines Vaters kämpfender Junge spürt wahrscheinlich den kleinen Unterschied. Den kleinen Unterschied, der darin besteht, ob der Vater eigentlich *sein* Bestes oder sein Bestes will. Ob der Vater wirklich die Bedürfnisse seines kleinen Jungen auf dem Spielfeld vor ihm spürt, oder ob er – ohne dass ihm das klar ist – mehr bei den Bedürfnissen und Wünschen seines kleinen Jungen in sich selber ist. Und vielleicht wollte dieser kleine Junge in ihm irgendwann einmal ja ein großer Star werden.

Der kleine Junge, den ich in mir trage, wollte das auch und will es jetzt manchmal noch. Wenn ich vom Spielfeldrand unseren Achtjährigen anfeuere und mitbange und mich über jedes Foul der Gegner furchtbar aufrege, dann spüre ich meinen kindlichen Wunsch, als Star zu glänzen. Und das macht mir Spaß. Brenzlig wird die Situation, wenn mein Sohn auf dem Spielfeld überhaupt nicht so glänzend hervortritt. Neulich hat er ein Eigentor geschossen. Sein erstes Tor überhaupt. Er ist nämlich Verteidiger, wie ich früher auch. Aber ein Eigentor – das ist schon bitter. Zum Glück habe ich dann noch rechtzeitig gemerkt: Jetzt könnte ich ihn zusammenpfeifen: Ob er denn überhaupt nicht aufpassen kann. Oder ich könnte ihn stumm meine Enttäuschung spüren lassen. Aber er braucht mich jetzt wohl als Vater an seiner Seite, der sieht und anerkennt, wie sehr er sich gemüht und gekämpft hat. Und dann, etwas später, habe ich ihm erzählt, dass ich auch schon das eine oder andere Eigentor im Leben geschossen habe.

... um von ihm gesehen, wahrgenommen, gewürdigt zu werden

Das Bedürfnis, vom Vater gesehen und wahrgenommen zu werden als der, der ich wirklich bin, und als solcher Anerkennung zu erfahren, ist wohl eines der grundlegendsten Bedürfnisse von Kindern überhaupt, nicht nur von kleinen Fußballstars.

Doch manchen Kindern geht es dann wie einem Freund, der erzählte: »Jedesmal, wenn ich mir zu Weihnachten ein besonderes Geschenk gewünscht habe, habe ich etwas so Ähnliches, aber eben nicht das, was ich mir gewünscht hatte, bekommen. Das Geschenk war keineswegs billiger, und es war auch so ähnlich wie das Ersehnte, aber es war eben doch etwas anderes, weil Vater aus irgendwelchen Gründen dachte, es wäre das Geeignetere für mich.«

So geht es wohl auch manchem Kind, das sich wünscht, von seinem Vater liebevoll wahrgenommen und beachtet zu werden, und dann etwas bekommt, was so ähnlich wie Anerkennung aussieht, aber doch ganz anders schmeckt.

Es gibt ein paar Seh-Hindernisse, die es einem Vater schwer machen können, sein Kind so zu sehen und zu würdigen, wie es ist.

So kann es sein, dass ein Vater, der sein Kind ansieht, dabei vor allem sein eigenes Spiegelbild wahrnimmt, sich selbst in seinem Sohn, seiner Tochter sieht, und dass ihm das Kind als Gegenüber in seiner Fremdheit und Eigenständigkeit kaum auffällt.

Es kann einem Vater auch passieren, dass er, wenn er sein Kind ansieht, sozusagen durch es hindurchblickt und nach etwas Ausschau hält, was er selber braucht und (unbewusst) hofft, in der Beziehung zu seinem Kind zu bekommen. Dies können Dinge sein wie zum Beispiel Verständnis, Trost, Geborgenheit, Unterstützung, Bestätigung als Mann. Wenn ein Vater sich hier seiner Bedürfnisse kaum bewusst ist, werden ihm die in die Beziehung zu seinem Kind ständig »reinfunken« und er wird sein Kind nicht genügend als Kind wahrnehmen können.

Wenn ein Vater sein Kind ansieht, kann er seinen Blick auch zu sehr in die Ferne schweifen lassen, so ein wenig über den Kopf des Kindes hinweg. Das passiert ihm am ehesten, wenn er schon ferne Ziele für sein Kind vor Augen hat: Was aus ihm werden könnte, wofür es vorbereitet sein sollte, wohin es sich entwickeln müsste. Kinder spüren das meist sehr gut und nehmen oft auch vieles auf sich, um den Vater nicht zu enttäuschen. Allerdings bleiben ihre eigenen Impulse dabei zunehmend unbeachtet.

Schließlich kann ein Vater, wenn er sein Kind ansieht, auch noch gewissermaßen kurzsichtig sein: Er sieht nur das Nächstliegende, das an der Oberfläche Sichtbare. Das wäre zum Beispiel der Fall, wenn ein Vater nur sieht, wie ein Kind provoziert, herumstänkert, Streit sucht, aber nicht wahrnimmt, dass sich dahinter Unsicherheit, Ängstlichkeit, Enttäuschung oder die Sehnsucht nach Nähe und Zuwendung verbergen.

Egal, ob ich als Vater nun eher zur »Selbst-Sichtigkeit«, »Durch-Sichtigkeit«, »Weit-Sichtigkeit« oder »Kurz-

Sichtigkeit« neige, unheilbar sind diese Einschränkungen meines Vater-Blickes alle nicht. Der erste Schritt zur Therapie besteht vielleicht darin, in Kontakt zu kommen mit meinem Kind, wie es leibt und lebt, die Berührung mit ihm zu suchen. So ein Kontakt kann zuweilen auch heftig werden, so dass ich als Vater darauf gefasst sein sollte, dadurch ordentlich geschüttelt und gerüttelt zu werden. Dabei kommt es dann schon vor, dass die eine oder andere »Brille« zerbricht.

... um sich von ihm tragen zu lassen

In Seminaren mache ich mit Vätern manchmal die Übung: Einer darf sich in die Mitte legen, die anderen knien sich um ihn herum, fassen unter seinen Körper und heben ihn dann hoch. Stehend tragen sie ihn dann eine Weile. Und der in der Mitte lässt sich mit geschlossenen Augen tragen. Für manche ist das eine völlig neue, für viele eine eher seltene Erfahrung: Ich werde getragen.

Nach meinem Eindruck haben viele Väter oft das gegenteilige Gefühl: Ich habe so vieles zu tragen für andere, muss mich kümmern, muss sorgen, planen, Verantwortung übernehmen. So ist es für sie meist ungewohnt, sich tragen zu lassen. Die Übung darin fehlt: loslassen, mich anvertrauen, mich den anderen zumuten, mich gehalten wissen, die Dinge aus der Hand geben.

Wenn ich mich selbst so tragen lasse, dann wünsche ich mir, dass das meine Kinder bei mir erfahren dürfen: Ich werde getragen.

Sie müssen eine Ahnung davon haben, wie schön das ist. Ich merke das immer dann, wenn wir von einer Autofahrt spät in der Nacht heimkommen und sie beide schon im Auto eingeschlafen sind. Aus der Zeit, als sie noch klein waren, gibt es bei uns die Gepflogenheit, dass ich sie dann ins Haus rein trage und sie in ihr Bett lege. Und weil ich es schön finde, versuche ich es manchmal auch heute noch mit unseren heranwachsenden Jungs. Ich hieve also einen nach dem andern hoch und schleppe ihn ins Haus. Und jedesmal, wenn ich dann einen sanft aufs Bett lege, damit er nicht aufwacht, grinst er mich an.

... um von ihm zu lernen, das Leben von seiner humorvollen Seite zu nehmen

Es kann auch alles ganz anders sein

Nach all den vielen Weisheiten bisher kommt jetzt die wichtigste: Es kann auch alles ganz anders sein.

Als Vater weiß ich letztlich nie sicher, ob ich meinem Sohn oder meiner Tochter genau das gegeben habe, was er oder sie gerade jetzt von mir gebraucht hätte. Väter sind sehr unterschiedlich, Töchter und Söhne auch, und erst recht sind es die vielen Situationen, in denen Väter und Kinder es miteinander zu tun haben.

Es kann sein, dass mein väterliches Verhalten, von dem ich gelesen oder gehört habe, oder aus eigener reicher Erfahrung weiß, wie gut es normalerweise einem Kind tut, jetzt bei meinem Kind genau das Gegenteil von dem bewirkt, was ich wollte.

Und es kann auch sein, dass irgendeine Äußerung, eine Geste, eine Haltung, ein Verhalten von mir, dem ich gar keine Bedeutung beigemessen habe, unheimlich viel für mein Kind bedeutet.

Schließlich kann es sogar sein, dass ein Kind aus der Tatsache heraus, dass es zum Beispiel von seinem Vater keine Anerkennung bekommt und sich von ihm abgewertet erlebt, gerade aus dieser Situation heraus Fähigkeiten entfaltet, Kräfte entwickelt, etwas aus sich macht, was ihm sonst keiner zugetraut hätte.

Weil man sich also nie sicher sein kann, und alles auch noch ganz anders sein kann, halte ich mich ganz gerne an folgende Grundsätze, die ich als Prinzipien lösungsorientierter Kurzzeittherapie, aber auch sonst als ganz brauchbar fürs Leben kennen gelernt habe:

* Wenn etwas gut funktioniert, dann darf es ruhig mehr davon sein.
* Wenn etwas nicht funktioniert, dann probiere etwas anderes.

Rückenmassage nach der Fünf

Übrigens: Am Abend nach der ersten Latein-Fünf war unser Sohn doch noch wach, als ich heimkam. Ich habe natürlich alles Mögliche versucht, um mich »gut« und hilfreich zu verhalten und um ihm Passendes und Trostreiches zu sagen. Vermutlich war das meiste davon auch nicht viel mehr als hilfloses Herumgestochere. Aber über eines habe ich mich wirklich gefreut. Zum Schluss saß ich an seinem Bett und kam nach einiger Zeit auf die Idee: »Jetzt könnte ich dir einfach noch den Rücken massieren. Magst du?« Er mochte. Und wir genossen diese Massage wohl beide – er vermutlich zur Entspannung und als liebevolle Zuwendung, ich vor allem mit

dem Gefühl: Das passt jetzt wirklich, und es tut einfach
gut – nach diesem anstrengenden Tag.

Und wenn das Ende naht

Zum Schluss noch etwas Persönliches, das vielleicht
auch damit zu tun hat, wozu jemand seinen Vater brauchen kann:

Als ich gerade über diesem Text hier saß, kam ein Anruf: Mein Onkel war ins Krankenhaus eingeliefert worden. Da es sich am Telefon sehr schlecht anhörte, fuhr
ich hin. Eine starke Gehirnblutung. Es besteht keine
Hoffnung mehr, sagte man mir, als ich im Krankenhaus
eintraf.

Da erzählte meine Tante, die weinend an seinem Bett
saß, dass er vor ein paar Wochen erst davon gesprochen
hatte: »Ich muss jetzt oft an meinen Vater denken.« Der
Vater meines Onkels war kurz vor seinem 83. Geburtstag gestorben. Mein Onkel hatte vor wenigen Wochen
seinen 83. Geburtstag mit uns zusammen gefeiert.

Vielleicht hat mein Onkel in der Erinnerung an seinen Vater Angst bekommen, er könne auch in diesem
Alter sterben. Vielleicht hat er aber auch gespürt – und
das wünsche ich ihm: Es ist schön, sich in dieser Lebensphase in Verbundenheit mit dem Vater und von
ihm begleitet zu wissen.

Anders als erwartet

*Schwangerschaft, Geburt
und die Zeit danach
im Erleben von Männern*

Hermann Bullinger

Als ich selbst Vater wurde, ging ich mit zu einem Paar-vorbereitungskurs, weil es so üblich war und weil meine Lebensgefährtin selbstverständlich davon ausging, dass ich teilnahm. Genauso verhielt es sich mit meiner An-wesenheit bei der Geburt. Die für mich vorgesehene Rolle bestand in der mehr oder weniger aktiven Teil-nahme an dem Geschehen rings um Schwangerschaft und Geburt. Dabei war es nicht so, dass meine Partne-rin an mich bestimmte Erwartungen formulieren muss-te. Wir beide wussten vielmehr, wie es üblicherweise ge-macht wird und wie meine Rolle im vorgegebenen »Drehbuch« aussah.

Aber es kam dann anders als erwartet. Der Ausgangs-punkt war ein diffuses Unbehagen an meiner vorbe-stimmten Rolle. Dies führte in der Folge dazu, dass sich bei mir das Gefühl verdichtete, dass ich mich mehr mit mir und dem, was mich innerlich bewegte, beschäftigen müsste.

Damals nahm ich aber zunächst nur wahr, dass ich in-tensive Gefühle hatte, die unklar blieben, mich aber gleichzeitig nicht los ließen. Innerlich sträubte ich mich gegen die mir zugewiesene Rolle. Der Grund dafür lag nicht darin, dass mir aktive Teilnahme nicht genug gewe-sen wäre. Vielmehr hatte ich vor allem in den ersten Mo-naten der Schwangerschaft Fluchttendenzen, fühlte mich dem Ganzen nicht richtig gewachsen und trauerte intensiv wegen des Endes meiner Männerfreiheit. Gleichzeitig wollte ich das Kind und fand es spannend, Vater zu werden. Zeitweise überwog sogar die Vorfreude. Aber meine Gefühle blieben widersprüchlich und zerrissen. Mal überwog die positive Tendenz, mal war ich vollkommen fixiert auf die Probleme und Befürchtungen. Gleichzeitig zweifelte ich an mir, da ich ja jetzt als werdender Vater eigentlich so glücklich sein sollte, wie ich annahm, dass es normalerweise, also bei den meisten anderen Vätern, der Fall ist.

Weil da also so viel innerer Wirrwarr vorhanden war, beschloss ich, etwas für mich selbst zu tun. Ich bot an einer Berliner Volkshochschule einen Kurs für werdende Väter an. Dieser Kurs war auf Anhieb gut besucht, und so konnte der Erfahrungsaustausch mit anderen werdenden Vätern gestartet werden. Es folgten dann weitere Kurse, und ich entdeckte mit Staunen und Faszination, dass Männer nicht nur Begleiter und Unterstützer der werdenden Mutter und Teilhaber an deren innerem Erleben sind, sondern dass es ein eigenständiges männliches Erleben von Schwangerschaft und Geburt gibt, das sich von dem von Frauen fundamental unterscheidet. Gleichzeitig wurde aber auch deutlich, dass Männer von der Gesellschaft wenig bis gar nicht unterstützt und ermutigt werden, ihre Gefühle und Erfahrungen ernst zu nehmen und sich mit ihnen zu beschäftigen. Die in unserer Gesellschaft übliche Rolle des werdenden Vaters beschränkt sich auf die des Teilnehmenden und Unterstützenden. Vom werdenden Vater wird nicht erwartet, dass er sich mit seinem eigenen inneren Prozess des Vaterwerdens beschäftigt, sondern er wird am ehesten den Erwartungen der Umgebung gerecht, wenn er sich selbst und seine Bedürfnisse zurückstellt und sich ganz auf das Erleben und die Bedürfnisse der Frau und die Vorgänge und Veränderungen in deren Bauch konzentriert und bei der Geburt als anteilnehmender und emotional unterstützender Partner präsent ist.

Väter, die sich mit dem inneren Prozess des Vaterwerdens beschäftigen, werden mit widersprüchlichen Gefühlen konfrontiert: Unsicherheit, Ängste, Freude, Glück, Zweifel und so weiter. Die Zeit der Schwangerschaft ist für alle Männer eine sensible Phase, in der viel in Bewegung gerät.

Da ist zunächst einmal die Beziehung zur Partnerin, die sich verändert und jetzt anders erlebt wird. Sie nimmt einen anderen Charakter an. Die Verbindlichkeit wird größer. Unbewusst kann dies als Bedrohung der eigenen Autonomie und als Verlust von Freiheit erlebt werden, auch wenn das Kind von beiden gleich erwünscht war. Über ein Kind sind beide in anderer Weise miteinander verknüpft. Elternschaft beinhaltet eine lebenslängliche Beziehung, die auch dann noch weiter besteht, wenn die Eltern ihre Paarbeziehung beenden. So sieht man die Partnerin mit anderen Augen: Kann ich mir wirklich vorstellen, mit ihr ein Leben lang zusammen zu sein? Wie wird sie sich als Mutter verhalten? Manche Männer haben das Gefühl, dass hinter ihnen eine Tür zufällt. Das kann zu verschiedenen Reaktionen führen. Manche ziehen sich zeitweise oder ganz aus der Beziehung zurück oder stellen der Partnerin gegenüber die Beziehung verbal infrage. Andere wollen jetzt noch ganz viel unternehmen. Wieder andere gehen fremd, weil sie sich beweisen wollen, dass sie immer noch frei und attraktiv sind. Dabei wollen sie ihre derzeitige Beziehung meist nicht infrage stellen, sondern ihre Ängste vor Abhängigkeit mindern.

Über das gemeinsame Projekt »Kind« kann aber auch gleichzeitig viel Nähe zwischen den Partnern entstehen. Beide verbindet jetzt die gemeinsame Vorfreude auf das Kind, und sie genießen diese gemeinsame Zeit in der Partnerschaft. Das schöne Gefühl, sich nahe zu sein, und die Angst vor Abhängigkeit können dabei auch durchaus nebeneinanderher bestehen. Unter Umständen pendeln Männer zwischen großer Nähe und innerer Distanzierung ständig hin und her.

Männer trauen sich meist nicht, ihre widersprüchlichen und schwierigen Gefühle in Bezug auf die Partnerschaft ihrer Partnerin offen mitzuteilen. Sie spüren, dass dies bei der Partnerin zu einer großen Verunsicherung führen würde. Oft sind sie wenig darin geübt, über ihre eigenen Gefühle offen mit ihr zu sprechen.

So sprechen sie auch nicht über ihre Befürchtungen, die sie in Bezug auf die Partnerschaft nach der Geburt hegen. Nicht wenige Männer knüpfen an die Situation nach der Geburt die insgeheime Befürchtung, dass die Frau sich zu sehr auf das Kind konzentrieren könnte, und fragen sich, ob für sie dann noch genug übrig bleibt. Natürlich würden die meisten Männer solche und ähnliche Befürchtungen nicht offen äußern. Aber es ist oft ein diffuses Gefühl im Hintergrund vorhanden, und die Frage schwirrt im Kopf herum, welche Veränderungen sich wohl in der Beziehung ergeben werden, wenn das Kind erst da ist.

Auch die Paarsexualität verändert sich. Ein Teil der Männer hat mit dem dicker werdenden Bauch der Frau keine Probleme. Im Gegenteil: Sie genießen die sanftere Sexualität und die oft gesteigerte Lust der Frau und finden die betonten weiblichen Formen der Frau auch erotisch stimulierend. Andere Männer gehen auf Distanz zu ihren Partnerinnen. Vielleicht sehen sie in ihrer

Phantasie jetzt vor allem die Mutter in der Frau, wobei ihnen dies nicht immer bewusst sein muss. Oder es macht ihnen die Vorstellung Probleme, dass sie jetzt mit ihrer Frau nicht mehr alleine im Bett sind, sondern dass das Kind als Dritter mit dabei ist. Nicht untypisch ist dabei die Befürchtung, sie könnten das Kind beim Geschlechtsverkehr verletzen.

Während der Schwangerschaft erleben Männer eine tiefe Verunsicherung ihrer männlichen Identität. Durch Schwangerschaft und Geburt wird die auch heute noch im Hintergrund vorhandene Vorstellung der männlichen Überlegenheit fundamental infrage gestellt. Männer erleben im Rahmen einer glücklich verlaufenden Schwangerschaft sehr bewusst, von welchen schönen und existenziellen Erfahrungen sie ausgeschlossen sind. Je mehr der Mann am Erleben der Frau teilnimmt und sich auf die Situation einlässt, umso mehr kann bei ihm auch Neid auf das Mehrkönnen der Frau entstehen. Oder der Mann wird als (unbewusste) Gegenreaktion die weiblichen Fähigkeiten abwerten und sich seiner Männlichkeit durch betont männliches Verhalten versichern.

Eine heute häufige Reaktion von Männern auf ihre innere Verunsicherung besteht darin, dass sie sich sehr weitgehend mit dem Erleben der Frau identifizieren und damit gleichzeitig ihr eigenes männliches Erleben ausblenden. Im Extremfall gehen sie völlig im weiblichen Erleben von Schwangerschaft und Geburt und in der Symbiose des »Wir« auf. Das drückt sich auch in der Formulierung »Wir sind schwanger« aus. So müssen sie sich nicht mit ihrer männlichen Verunsicherung auseinander setzen, aber um den Preis, dass sie sich von ihren eigenen männlichen Gefühlen abtrennen und dass der innere Prozess des Vaterwerdens nur allzu leicht auf der Strecke bleibt. Die Identifikation mit der Frau kann sich nach der Geburt so auswirken, dass sie mit ihr um die Mutterrolle konkurrieren oder dass sie zum abwesenden Vater werden, der sich in den Beruf flüchtet, seine Verunsicherung (unbewusst) durch viel Arbeit zu kompensieren versucht und sich durch Bewährung im »feindlichen« Leben seine männliche Überlegenheit zwanghaft beweisen muss.

Bei mir selbst schlug damals die Verunsicherung voll durch. Symbiose kam für mich nicht infrage, weil Verschmelzung nicht so meine Sache ist. Ich erinnere mich noch gut an ein Gespräch mit meiner Lebensgefährtin, das wir auf einem schönen Waldspaziergang führten. Sie sagte selbstbewusst und lachend, dass das Schwangersein etwas ist, was ich nie könnte und wo sie mir gegenüber ein Gefühl von Stärke habe. Diese Situation blieb mir bis heute in Erinnerung. Damals war ich ganz sprachlos. Es hallte in mir noch lange wider und gab mir zu denken.

Auch ein anderer Punkt ist mir bis heute in Erinnerung geblieben: Ich weiß noch, wie viel Druck ich empfand, mit ihr in Bezug auf die Empfindungen für unser Kind mitzukommen. Während der ganzen Schwangerschaft hinkte ich in meinen Empfindungen immer hinter ihr drein. Besonders am Anfang der Schwangerschaft war unser Kind für mich noch sehr weit weg und fremd. Weil ich oft distanziert wirkte, kamen ihr Zweifel, wie ich nun zu dem Kind stehe. Dies übte dann wiederum auf mich einen ständigen Druck aus, und ich fragte mich, ob mein Vaterempfinden überhaupt »normal« ist. In den Vätergruppen erfuhr ich, dass diese emotionale Distanz am Anfang der Schwangerschaft von vielen Männern ähnlich erlebt wird. Deshalb ist es für viele werdende Väter auch ein Aha-Erlebnis, wenn sie beim Arzt die kindlichen

Herztöne hören und das Kind zum ersten Mal auf dem Bildschirm des Ultraschallgerätes sehen können. Vor kurzem sah ich im Fernsehen einen Film, in dem ein werdender Vater ganz schwärmerisch und stolz ein Video von der Ultraschalluntersuchung seines Kindes vorführte und dabei gleichzeitig irgendwie rührend hilflos wirkte. Neben seiner erkennbaren Technikbegeisterung war zu spüren, dass das Ultraschallbild sein Kind für ihn greifbarer und vorstellbarer gemacht hat und dass dadurch seine Beziehung zum Kind intensiver wurde. Noch näher kommt den meisten Vätern ihr Kind, wenn sie spüren und sehen können, wie es sich im Bauch der werdenden Mutter bewegt.

Wenn ein werdender Vater kein ähnlich intensives Verhältnis zu seinem Kind hat wie die Mutter, sollte er sich keine Schuldgefühle einreden lassen. Seine größere Distanz sollte er als Ausdruck seines männlichen Erlebens begreifen und darauf vertrauen, dass seine Beziehung zum Kind sich nach und nach entwickeln und gefühlsbetonter werden wird.

In dem oben erwähnten Film erzählten zwei werdende Väter auch über ihre Ängste vor der Geburt. Der Tenor lautete, dass sie befürchteten, bei der Geburt umzukippen oder in irgendeiner anderen Weise zu versagen. Tatsächlich sind Versagensängste in Bezug auf die Geburtssituation bei Männern weit verbreitet. Das Dabei-Sein bei der Geburt ist heute so etwas wie ein moderner Initiationsritus, dessen erfolgreiches Durchstehen quasi als Eintrittsbillett für Vaterschaft erwartet wird. Obwohl es äußerst selten vorkommt, dass Männer bei der Geburt umkippen, wird die Angst davor auch heute noch subtil geschürt. Etwa wenn Ärzte und Hebammen in Geburtsvorbereitungskursen und bei Kreißsaal-Besichtigungen scheinbar beiläufig darauf hinweisen, dass Männer doch bitte, bevor es ihnen schlecht wird, den Kreißsaal verlassen sollten, damit die Helfer in Weiß sich bei der Geburt nicht auch noch um ohnmächtige Männer kümmern müssten. Davon sollten sich Männer nach Möglichkeit nicht beeindrucken lassen und versuchen, sich im Gespräch mit anderen Männern, die die Geburt ihres Kindes schon erlebt haben, Unterstützung, Verständnis und konkrete Tipps zu holen.

Darüber, wie Männer die Geburt erleben, gibt es ein weit verbreitetes Klischee. Danach werden Männer von intensiven Gefühlen überwältigt, wenn die Geburt überstanden und das Kind da ist. Dieses Klischee ist in der vorhandenen Geburtsvorbereitungsliteratur weit verbreitet und dient oft als Maßstab, an dem Väter selbst und ihre Umgebung das Geburtserleben einschätzen. Ohne Zweifel erleben viele Väter die Geburt in der beschriebenen Weise. Es gibt aber auch viele Väter, die die Geburt in ganz anderer Weise erleben. Männliches Geburtserleben hat viele individuelle Ausprägungen und Facetten. Deshalb ist es wichtig, dass solche Klischees nicht unhinterfragt bleiben und Väter zu ihrer je eigenen Geburtserfahrung ermuntert werden. Sonst kann es Vätern leicht so passieren wie einem Vater aus einem meiner Väterseminare, der die Geburt seines Sohnes eher gefasst und ohne das scheinbar dazugehörige Außer-sich-Sein erlebte und dann von der Hebamme vorwurfsvoll gefragt wurde, was er denn für ein Vater wäre, der ja anscheinend überhaupt nichts für sein Kind empfinde.

Im Übrigen ist die Überwältigung von intensiven Gefühlen nach der Geburt auch oft Ausdruck der während der Geburt erlebten Hilflosigkeit. Männer sind gewohnt, Situationen durch Handeln zu bewältigen. Bei der Geburt kommt es aber in erster Linie auf das Da-Sein und das gemeinsame Durchleben an. Der Mann sitzt daneben und kann in vielen Situationen nichts beitragen, außer dass er mitempfindet und emotionalen Beistand leistet. Das ist sehr viel. Für Männer ist diese Passivität des Geschehenlassens und des Dabei-Seins aber oft besonders schwer auszuhalten und gleichzeitig eine sehr intensive neue Erfahrung, die konträr zu ihren sonstigen Bewältigungsmechanismen liegt.

Viele Männer sind bei der Geburt beeindruckt von der Kraft und der weiblichen Stärke, die sie bei ihrer Frau wahrnehmen. Auf subtile Weise bedeutet dies, wie schon während der Schwangerschaft, eine Infragestellung des eigenen Männlichkeitsbildes, welches auf der Vorstellung männlicher Überlegenheit aufbaut. Leider haben Männer oft nicht die Möglichkeit, mit anderen Männern über ihre wirklichen Erfahrungen während der Geburt zu sprechen, da diese Erlebnisse und Gefühle noch weitgehend tabuisiert sind und üblicherweise in mündlichen und schriftlichen Geburtsberichten von Männern keine Erwähnung finden.

Das, was unmittelbar nach der Geburt den Vater innerlich beschäftigt, wird zudem zugedeckt durch das Glücksgefühl, welches bei vielen Vätern nach der Geburt zunächst vorherrscht. Auch stehen die enormen Anforderungen, die der noch ungewohnte Alltag mit dem Säugling an beide Elternteile stellt, so sehr im Vordergrund, dass alles andere zurücktritt.

Die meisten Väter sind auf die Veränderungen nach der Geburt innerlich nicht vorbereitet. Nach den ersten Wochen wird das zunächst vorherrschende Glücksgefühl bei vielen Männern schleichend von einem diffusen Unbehagen abgelöst, dessen Hintergründe sie meist nicht benennen können. Der »junge« Vater zieht sich immer mehr auf sich zurück, und die Stimmung in der Paarbeziehung wird gereizter. Es kommt vermehrt zu Auseinandersetzungen, bei denen weder der Mann noch die Frau genau sagen können, was dahinter steckt.

Die Bedürfnisse und das Erleben von Männern und Frauen sind in dieser Lebensphase so verschieden wie in sonst keiner anderen Lebensphase. Wenn traditionelle Arbeitsteilung vorherrscht, bei der der Mann die Ernährerrolle und die Frau den Löwenanteil der Haus- und Kinderarbeit übernimmt, was bei der überwiegenden Mehrheit der Paare nach wie vor der Fall ist, driften die Lebenssituation und die Bedürfnisse von beiden diametral auseinander. Während der Mann nach der Arbeit gerne seine Ruhe haben und die Beine hochlegen möchte, möchte die Frau in der Kinderversorgung entlastet werden und hungert nach Kommunikation. Meist kann sich der Mann nur ungenügend in das Alltagserleben der Frau hineinversetzen. Ihm fehlt die Erfahrung meist völlig, was es konkret bedeutet, mit einem Neugeborenen den ganzen Tag zu verbringen. Wenn die Frau Probleme hat, etwa wenn ihr die Arbeit über den Kopf wächst oder das Kind viel schreit, kann er oft nicht nachvollziehen, was sie jetzt empfindet. Da er aus eigener Erfahrung nicht weiß, wie ungeheuer anstrengend und Kräfte zehrend der alltägliche Umgang mit einem Neugeborenen sein kann, wird er vielleicht insgeheim sogar denken, dass seine Frau ungeschickt und unfähig ist. Wenn die Frau ihre Enttäuschung äußert, wird er ihr unter Umständen mit Unverständnis begegnen.

Die gemeinsame und ungestörte Zeit eines Paares schrumpft nach der Geburt auf ein Minimum zusammen. Dabei hätte das Paar jetzt das gemeinsame Gespräch besonders nötig, weil sich so viel in seinem gemeinsamen Alltag geändert hat und weil vieles neu auszuhandeln wäre.

Viele Männer stürzen sich jetzt mit besonderer Intensität in ihre Berufsarbeit. Oft machen sie sogar noch zusätzliche Überstunden. Dahinter steckt nicht nur die Angst, mit einem Gehalt nicht zurechtzukommen, sondern Männer flüchten oft auch vor der Situation zu Hause. Wenn es Männern schlecht geht, neigen sie dazu, sich über Arbeit wieder psychisch zu stabilisieren und Defizite im emotionalen Bereich zu kompensieren. Arbeit als männliche Leidensbewältigung hat gerade im ersten Jahr nach der Geburt eines Kindes einen hohen Stellenwert.

Dabei verstärkt die männliche Flucht natürlich die Probleme zu Hause, weil sich die Frau mit dem Kind allein gelassen fühlt. Gleichzeitig hat der Mann oft das Gefühl, dass er in der Beziehung zum Kind den Anschluss verpasst hat und dass sich die Frau immer mehr auf das Kind konzentriert. Er fühlt sich aus der Mutter-Kind-Einheit ausgeschlossen.

In diesem Zusammenhang kann das Stillen zu einem Konfliktpunkt werden. Durch das Stillen ist die Mutter die unumstrittene Hauptperson im Leben des Kindes. In bestimmten Situationen lässt sich dann das Kind nur unter großem Aufwand oder gar nicht vom Vater beruhigen, weil es die Nähe und Geborgenheit will, die das Saugen an der Brust schafft. Für die Mutter ermöglicht das Stillen eine enge und intensive Beziehung zum Kind. Väter haben das Gefühl, dass ihnen durch das Stillen eine gleichberechtigte Beziehung zum Kind verwehrt wird. Solange das Kind gestillt wird, kann der Vater auch nur sehr eingeschränkt etwas mit ihm unternehmen. Dies ist aber die Voraussetzung dafür, dass der Vater zum Kind eine eigenständige Beziehung aufbauen und Sicherheit im Umgang mit dem Kind entwickeln kann. So wie die Dinge liegen, geben viele Männer aber auch vorschnell auf und delegieren die Betreuung und Versorgung weitgehend an die Mutter.

Das Gefühl des Ausgeschlossenseins und die Tendenz zum Rückzug wird noch verstärkt, wenn die Frau über längere Zeit nach der Geburt sehr selten oder gar nicht Lust verspürt, mit dem Mann zu schlafen. Dies ist bei vielen Frauen nach der Geburt der Fall. Für den Mann schafft dies eine schwierige Situation, an der er sehr leiden kann. Wenn es länger andauert, kann er dies als Infragestellung und Ablehnung seiner ganzen Person erleben, und es kann ihn in seinem Selbstwertgefühl tief treffen und verunsichern. Er fühlt sich von der Frau allein gelassen und als Vater funktionalisiert.

So wird die Situation in der Paarbeziehung immer angespannter, und es entsteht ein Teufelskreis, in dem sich die Probleme immer mehr anhäufen und die Entfremdung des Paares scheinbar unaufhaltsam voranschreitet.

Zwischen Mann und Frau gibt es nach der Geburt viele mögliche Streitpunkte. Neben den schon beschriebenen ist es unter anderem das Erleben der größeren gegenseitigen Abhängigkeit, das zu Paarkonflikten führen kann. Im Gegensatz zur Zeit vor der Geburt ist jeder vom Handeln des anderen viel mehr betroffen. Auseinandersetzungen um die Arbeitsteilung oder die verfügbare Zeit sind an der Tagesordnung, weil jeder leicht das Gefühl hat, dass er selber aufgrund der knappen Zeit zu kurz kommt. Was sich der eine nimmt, hat der andere weniger.

Einen Streitpunkt stellt oft auch das Geld dar. Dies ist nicht nur so, weil es jetzt oft knapper ist, sondern auch, weil beide oft unterschiedliche Prioritäten setzen und die unterschiedlichen Bedürfnisse auch zu einer verschiedenen Sichtweise in Bezug auf das Geldausgeben führen. Leicht vermischt sich dann der Streit ums Geld mit anderen Konflikten und gewinnt aufgrund der unausgesprochenen gegenseitigen Enttäuschung unerwartet eine Brisanz, mit der beide nicht gerechnet haben.

Der Umgang mit dem Kind birgt weitere Konfliktmöglichkeiten. Frauen fordern von Männern die Beteiligung an der Alltagsversorgung des Kindes. Wenn Männer dann das Kind windeln, anziehen und sich um seine Ernährung kümmern, erleben sie nicht selten, dass ihre Frauen sie »überwachen« und sie ihnen nichts recht machen können oder dass sie es nur so machen dürfen, wie ihre Frauen es für richtig halten. Diese für Männer oft unverständliche und nervige weibliche Doppel-Botschaft resultiert aus der Ambivalenz von Frauen, die zwar Entlastung durch den Vater wünschen, aber gleichzeitig nicht ihre mütterliche Position als Hauptbezugsperson im Leben des Kindes infrage stellen möchten.

Für Männer ist es nach der Geburt ein großes Problem, dass sie auf ihrer Enttäuschung, ihrem Groll, ihrer Unzufriedenheit, ihrer emotionalen Bedürftigkeit und ihrem sexuellen Begehren einfach sitzen bleiben und sich allein gelassen fühlen. Wenn ein Mann in dieser Situation nicht wieder auf das Funktionieren unabhängig von seinen Gefühlen zurückgeworfen sein soll, braucht er andere Bewältigungsformen, die nicht auf emotionalen Rückzug, rationale Beherrschung, Demonstration von scheinbarer männlicher Stärke und Flucht in die Arbeit aufbauen. Jenseits dieser traditionellen männlichen Bewältigungsformen bewegen Männer sich allerdings auf Neuland.

Ein erster, wichtiger Schritt ist getan, wenn Männer sehen können, dass die Krise eine mehr oder weniger unvermeidliche Begleiterscheinung des Kinderkriegens ist und dass sie weder auf das eigene Versagen noch auf das der Partnerin zurückzuführen ist.

Wenn ein solcher Schritt gelingt, dann birgt das Vaterwerden für Männer auch viele Chancen, eingefahrenes Terrain zu verlassen. Die Entwicklungschancen, die sich über das bewusste Erleben dieser Zeit ergeben, weisen in Richtung auf mehr Lebendigkeit, bedürfnisgerechtere Lebenskonzepte, neue Impulse für die Gestaltung des eigenen Mannseins, eine intensivere Beziehung zu den eigenen Kindern und ein authentischeres und bewussteres Verhältnis zur Frau.

Von Vater zu Vater

*Ein Brief zur Geburt
eines behinderten Kindes*

ANDREAS BORTER

Lieber Christoph,
es ist ein kühler, regnerischer Sonntag heute. Ich bin allein zu Hause und finde nun endlich Zeit und Ruhe, dir zu schreiben.

Auch wenn ich bisher nichts von mir hören ließ, hat mich doch, wie du dir vorstellen kannst, die Anzeige der Geburt eures Kindes in den letzten Wochen intensiv begleitet. Sie hat in mir viele Empfindungen wachgerufen, mit denen ich selber vor nun schon vierzehn Jahren ebenfalls konfrontiert war. Und so ist es denn auch mir eine Hilfe, einiges von dem, was mich jetzt erneut bewegt, zu Papier zu bringen. Meine Gedanken, ich stehe dazu, sind einseitig aus der väterlichen Sicht formuliert und deshalb so klar von Vater zu Vater gesagt, weil ich zunehmend der Überzeugung bin, dass Männer und Frauen von ihren je eigenen Prägungen her andere Voraussetzungen und Ansätze zur Bewältigung schwieriger Lebenssituationen haben. Es wäre spannend, darüber einmal mit unseren Partnerinnen zusammen zu sprechen und zu vergleichen, wo wir als Väter ähnliche Erlebnisse und Empfindungen haben und wie sich diese von den Erfahrungen von Müttern unterscheiden.

In eurer Geburtsanzeige deutet ihr an, dass euch die Geburt eines behinderten Kindes völlig unerwartet und unvorbereitet getroffen hat. Ich weiß, lieber Christoph, wie sehr du dich auf die Geburt eures Kindes eingestellt hast. In unserem letzten Gespräch vor dem Geburtstermin wurde mir deutlich, wie intensiv du dich mit dem ganzen Prozess des Vater-Werdens auseinander gesetzt hast. So wie ich dich kenne, hattest du sicher auch bereits sehr konkrete Pläne, wie du deine Arbeitszeit in der ersten Zeit nach der Geburt einteilen möchtest; ich weiß ja, wie viel im Moment beruflich auf dir lastet und welche nicht ganz bescheidenen Ziele du dir für deine Laufbahn gesteckt hast. Und nun ist wohl deine ganze Planung von einem Moment auf den anderen infrage gestellt, und es müssen neue Schwerpunkte gesetzt werden. Was im Moment bei euch zählt, ist wohl die Fähigkeit und die Bereitschaft, euch auf die täglich neue Situation einlassen zu können. Ich kann mir ein wenig ausmalen, wie groß die Herausforderung ist, die darin gerade für dich, Christoph, steckt: Ich kenne deinen Drang nach Organisation und klaren Strukturen, weiß um deine zügige und zielorientierte Arbeitsweise – und nun bist ausgerechnet du in eine Aufgabe gestellt, die sich kaum planen lässt. Dass dir dies nicht leicht fallen wird, hängt vielleicht nicht einfach mit dir als Person zusammen, sondern könnte etwas von dem sein, was uns als Männer verbindet: Ist es nicht typisch für uns, dass wir versuchen, eine Situation möglichst klar vorauszusehen, zu überblicken und zu organisieren? Und haben folglich wir Männer besonders Mühe damit, uns auf Unplanbares und Unvorhergesehenes einzulassen?

Für mich jedenfalls war es ein harter und langer Weg, dies zu lernen und so Schritt für Schritt eine Art Sichtwechsel zu vollziehen. Wenn ich dir sage, dass ich aber gerade so nach und nach eine große Bereicherung und Verbesserung meiner Lebensqualität erfahren habe, soll damit nicht überspielt werden, dass mir dies alles in der ersten Zeit äußerst schwer gefallen ist und mir wie eine ganz große Zumutung vorkam. Ja, Christoph, in mancher Hinsicht ist es tatsächlich eine Zumutung, Vater eines behinderten Kindes zu werden.

Ich halte wenig von all den schönen Beschreibungen von Vätern und Müttern, die in rosigen Worten davon berichten, wie sie die Geburt ihres behinderten Kindes endgültig akzeptiert und »verarbeitet« hätten. Mir war es auch keine Hilfe, von wohlmeinenden Bekannten zu hören, dass die Geburt eines behinderten Kindes für unsere Familie einen »höheren Sinn« habe und dieses Kind sogar ganz bewusst mich als seinen Vater »ausgewählt« habe. Gerade solche Gedankengänge leisten indirekt einem Denken Vorschub, welches letztlich die Schuld für das Geschehene auf uns Eltern schiebt. Bei auch nur andeutungsweisen Zuschiebungen in dieser Richtung fühlte ich mich immer wieder sehr verletzt. Ich wünsche dir, Christoph, deshalb den Mut und die Kraft, dich nicht vorschnell auf solche sinnstiftenden Erklärungen einzulassen, sondern durchaus auch die Zumutung zu benennen, die dich überrollt hat, und die Gefühle der Ohnmacht und der Wut aufkommen zu lassen. Vielleicht musst du dir sogar einen Ort schaffen, um deinem Entsetzen und dem Empfinden von Un-Sinn körperlich Ausdruck zu geben. Ich hoffe, dass du für dich herausfindest, was dir in dieser Hinsicht gut tut. Vielleicht brauchst du die Stille der Natur oder im Gegenteil die Dynamik einer Kampfsportart.

Ich weiß nicht, welche anderen Dinge für dich jetzt sinnvoll und hilfreich sind, um dich auf die neue Zumutung einlassen zu können. Ich selbst hatte in den ersten Tagen und Wochen das riesige Bedürfnis, aus Fachliteratur und Berichten anderer Väter möglichst viel über die Art der Behinderung meines Kindes zu vernehmen.

Nächtelang habe ich entsprechende Bücher durchstöbert und mir Vorstellungen und Bilder gemacht, wie alles kommen werde. Ich habe den Vater eines Kindes mit der gleichen Behinderung aufgesucht und in ihm auch nach einem Vorbild gesucht, wie ich als Vater mit der gegebenen Situation umgehen könnte. Zum ersten Mal habe ich dabei dann auch die Erfahrung gemacht, wie gut es ist, »von Vater zu Vater« offen sprechen zu können, und es war für mich eine echte Entdeckung zu erleben, wie viel wir uns als Männer in solchen Zeiten eigentlich zu sagen haben.

All diese Schritte waren in diesem Moment sehr wichtig. Aus dem Rückblick betrachtet waren sie vor allem ein Versuch, mit der Tatsache fertig zu werden, dass mir eigentlich alle Bilder im Hinblick auf die Zukunft mit unserem Kind aus der Hand genommen worden waren. Erst in diesem Zusammenhang wurde mir so richtig deutlich, wie wir uns als Eltern – vielleicht unbewusst – bereits vor der Geburt eines Kindes recht festgefügte Bilder von ihm machen: Wir leben wahrscheinlich sehr früh schon mit Vorstellungen, wie unser Sohn oder unsere Tochter einmal sein wird und wie wir unser Verhältnis zu unserem Kind gestalten werden. Anscheinend stellen gerade wir Väter uns recht konkret vor, was wir eines Tages mit unseren Kindern – besonders auch mit unserem Sohn – unternehmen werden und in welche »Fußstapfen« sie einmal treten sollen. Könnte es sein, dass ein Teil der Erschütterung, die uns als Väter bei der Geburt eines behinderten Kindes trifft, darin liegt, dass gerade diese in uns getragenen Bilder zusammenbrechen? Jedenfalls schildern mir Väter von behinderten Kindern immer wieder tief erschüttert, dass es besonders schmerzhaft sei, nun zu wissen, dass sie dies oder jenes nie mit ihren Kindern würden unternehmen können.

In solchen Äußerungen kommt mir nicht nur Schmerz und Trauer, sondern auch so etwas wie ein verletzter »Vaterstolz« entgegen. Anscheinend wollen gerade Väter durch ihre Kinder in der Welt etwas von dem fortpflanzen, was ihnen selber wert und wichtig ist. Auch wenn heutige Väter ihre Kinder kaum mehr in den Stammbaum eintragen oder in die Ahnengalerie einreihen, wurzelt in ihnen doch die Sehnsucht, eigene Erfahrungen und Haltungen weiterzugeben. Die Geburt eines »ganz anderen« Kindes kann und wird diese Werte zutiefst erschüttern: Was wollen wir mit hochtrabenden Plänen, wenn es zunächst um das nackte Überleben, zum Beispiel während eines medizinischen Eingriffes, geht? Was soll das Reden von den Generationen, wenn über die Lebenserwartung des eigenen Kindes überhaupt keine Aussage gemacht werden kann? Wo andere Väter immer noch weiterdenken, stehen wir mit unseren behinderten Kindern oftmals mit leeren Händen da, und dieser Umstand kann sich wie eine Beleidigung in die Biografie eines Mannes einkerben.

Vielleicht, lieber Christoph, wirst du solche Gedankengänge im Moment weit von dir weisen, und auch mir macht es immer noch Mühe, sie zu benennen. Natürlich sind wir beide von solchen Haltungen weit entfernt – oder doch nicht? Ich für mich habe in den letzten Jahren gelernt, damit zu leben, dass bei mir manchmal Ansätze von Gedanken und Empfindungen hochkommen, die ich längst meinte überwunden zu haben und die eigentlich überhaupt nicht in mein Weltbild passen. Auch mit dieser Tatsache habe ich mich inzwischen abgefunden oder versuche vielmehr sogar, sie zu nutzen: Dass unser »Weltbild« immer und immer wieder erschüttert wird, könnte ja gerade unsere große Chance sein! Wer sagt uns denn, dass wir sie als Kränkung oder Beleidigung erleben müssen? Könnte nicht gerade in dieser Erschütterung ein echter Befreiungsschlag für Männer und Väter liegen?

Wachsen nicht gerade wir oft mit allzu engen Weltbildern auf, die sehr genau vorgeben, wie wir uns als Männer eines Tages zu verhalten und zu leben haben? Nochmals: Es geht mir keinesfalls darum, unsere Situation als Väter behinderter Kinder irgendwie zu glorifizieren. Aber ich bin zutiefst davon überzeugt, dass wir das Recht oder sogar die Aufgabe haben, aus der Situation, in die wir nun mal gestellt sind, das Möglichste zu machen. Konkret heißt das für mich: Wir müssen die Chance nutzen, die uns aus der Begegnung mit dem »ganz Anderen« gegeben ist. Ich bin davon überzeugt, dass aus unseren Erfahrungen zum Beispiel grundsätzlich eine größere Bereitschaft entsteht, sich auf neue Lebens- und Verhaltensformen einzulassen. Ich jedenfalls stelle nicht selten unter Vätern von behinderten Kindern eine überdurchschnittliche Offenheit fest für Dinge, die nicht einfach der »Norm« entsprechen. Ich staune oft darüber, wie hier Väter beginnen, vieles zu hinterfragen, was unter Männern sonst als »normal« und selbstverständlich gilt; und wie sie auch bereit sind, zum Beispiel im Kollegenkreis, zu ihren »neuen Werten« zu stehen. Auch das Thema einer partnerschaftlicheren Aufteilung der Erwerbs- und Familienarbeit kommt da plötzlich in einer sehr konkreten und glaubwürdigen Form auf den Tisch und kann so anderen Vätern Anstoß zum Überdenken der eigenen Situation geben. Wenn solches auch an anderen Stellen geschieht, werden wir plötzlich – um jetzt ganz große Worte zu gebrauchen – mit unseren Kindern zusammen sogar eine Vorhut für eine friedlichere Welt (stell dir zum Beispiel nur vor, was los wäre, wenn wir einmal zusammen mit unseren behinderten Kindern in den Militärdienst einrücken würden!).

Lieber Christoph, du merkst, wie weite Kreise meine Gedanken ziehen. Ich brauche ab und zu Gelegenheiten – und schaffe mir sie ganz bewusst –, um meine Situation in einen weiteren Zusammenhang zu stellen. Ob auch das eine typisch männliche Tugend ist? Wie auch immer: Ich stehe dazu und merke, wie gut dies mir tut, auch wenn es Zeit und Kraft kostet. Ich bin sicher, dass es auch für dich immer wieder Situationen und Momente geben wird, in denen ganz bestimmte Gedanken, Zusammenhänge und Bilder an die Oberfläche kommen. Von verschiedenen Eltern weiß ich, dass die Zeit um den Geburtstag ihres behinderten Kindes so eine Zeitspanne ist. Achte darauf, wie du dich gerade in solchen Zeiten verhältst: Willst du dich dann wirklich dem aussetzen, was dich im Tiefsten bewegt, und wenn ja, wie? Welche Form der Beschäftigung ist dir dabei hilfreich? Soll alles beredet oder im Stillen verarbeitet werden? Brauchst du die Einsamkeit, die Nähe deiner Partnerin oder die eines Freundes? Oder merkst du in solchen Tagen, dass du eigentlich professionelle Unterstützung nötig hättest? Findest du Wege, dir solche Hilfe zu holen? Immer noch sind es wenige, viel zu wenige Männer, die sich in schwierigen Situationen rechtzeitig eingestehen, dass sie Hilfe brauchen. Dass dem so ist, mag einerseits wieder an der Mühe von uns Männern liegen, unsere Hilfsbedürftigkeit einzugestehen. Andererseits gibt es aber wahrscheinlich noch immer zu wenig Therapieangebote, die uns auch ganz bewusst als Männer ernst nehmen; auch mit unserer zeitweisen Sprachlosigkeit und mit der Unfähigkeit, auf den Punkt zu bringen, was uns eigentlich bewegt.

Falls es für dich jetzt noch nicht an der Zeit sein sollte, dich tiefer gehend auf deine Empfindungen und

Gedanken einzulassen, könnte es ja trotzdem sinnvoll sein, dich gerade an schwierigen Tagen selber aufmerksam zu beobachten. Vielleicht wirst du dich gerade in solchen Zeiten besonders schnell und gerne ablenken lassen von dem, was dich wirklich bewegt. Vielleicht wirst du dir unbewusst ausgerechnet in diesen Tagen im Geschäft besonders viele Termine organisieren. Nun, nur schlecht sind die bei uns Männern besonders verbreiteten »Ablenkungsmanöver« ja auch nicht: Wie gut und hilfreich kann es sein, sich mit Haut und Haar in eine berufliche Aufgabe vertiefen zu können und darüber alles andere zu vergessen. Nur: Vorschub zur Flucht vor der Auseinandersetzung mit unseren Gefühlen sollten sie nicht leisten.

Ist dir auch schon aufgefallen, dass viele Männer sich sehr darum bemühen, eine Mauer zwischen Beruf und Familie zu errichten? Warum eigentlich? Dies ist weder menschlich noch nötig – im Gegenteil: Es ließen sich hier doch sogar sehr sinnvolle Verbindungen ziehen. Nicht dass ich meine, am Arbeitsplatz sollten die Einzelheiten familiärer Schwierigkeiten erörtert werden; nicht dass wir etwa als Väter behinderter Kinder versuchen sollten, bei unseren Kollegen Mitleid zu erzeugen oder sogar ihre Sensationslust zu befriedigen; nicht dass wir nicht vorsichtig überlegen sollten, wem am Arbeitsplatz wir etwas von uns preisgeben. Warum aber nicht in meinem beruflichen Umfeld etwas durchblicken lassen von dem, was durch die Geburt des behinderten Kindes an Belastung, aber auch an Bereicherung in unsere Familie gekommen ist?

Warum nicht zum Beispiel das Bild eines glücklichen oder auch eines schwierigen Momentes mit Kollegen am Arbeitsplatz teilen? Warum nicht ein Beispiel von der umwerfenden Herzlichkeit meines Kindes erzählen?

Warum nicht mal im Kollegenkreis bitter klagen über eine weitere mehr oder weniger schlaflose Nacht? Warum nicht auch dazu stehen, dass es in unserer Situation besonders schwierig ist, regelmäßig oder auf Abruf am Arbeitsplatz erscheinen zu müssen? Warum nicht betonen, dass es eine besonders große Bedeutung hat, auch als Vater bei einem Krankenhaus- oder Schultermin mit dabeisein zu können? Im Gespräch mit Vätern behinderter Kinder stelle ich immer wieder mit Erstaunen oder gar Entsetzen fest, dass so etwas noch alles andere als selbstverständlich ist. Ich kenne Väter, die gedanklich fast Tag und Nacht mit dem Ergehen ihres Kindes beschäftigt sind, aber nie auf die Idee kommen würden, ihren Kollegen oder Vorgesetzten davon zu erzählen. Es scheint immer noch eine tief verwurzelte Vorschrift unter Männern zu sein, Berufs- und Familienwelt strikt zu trennen. Ich frage mich oft, warum wir dies nötig haben, und bin zur Überzeugung gelangt, dass gerade Väter behinderter Kinder auch in dieser Beziehung einen gesellschaftlich relevanten Beitrag leisten könnten. Was für die meisten Väter nicht aufgeht, stimmt für uns in unserer Situation noch viel weniger: Eine Abspaltung unserer »Vater-Seite« ist nicht möglich und nicht sinnvoll. Die familiäre Situation prägt uns nicht nur als Väter, sondern ebenfalls ganz stark als Berufsmänner; unser Erleben zu Hause wirkt sich direkt oder indirekt auf unser Verhalten am Arbeitsplatz aus. Ich ermuntere Väter behinderter Kinder immer wieder, sich mit dieser Tatsache im Betrieb nicht verschämt in eine Ecke zu stellen oder sich dafür sogar noch zu entschuldigen. Natürlich wird es Zeiten geben, in denen wir wegen der familiären Belastung dem Betrieb nicht »allzeit bereit« zur Verfügung stehen werden. Vielleicht gibt es Tage, an denen wir »aus familiären Gründen« nicht zur Arbeit erscheinen werden. Vielleicht werden wir kurzfristig vom Arbeitsplatz weggerufen, um das Kind ins Krankenhaus zu begleiten. Vielleicht reichen wir ein Gesuch um Befreiung vom Bereitschaftsdienst an Wochenenden ein.

Andererseits aber werden wir in vielen Situationen dem Betrieb auch all jene Fähigkeiten zur Verfügung stellen können, die wir uns im familiären Alltag mit unserem behinderten Kind zusammen erworben haben. Was haben wir dabei nicht alles gelernt: vom Erfinden aller möglichen Hilfsmittel für den häuslichen Alltag mit unseren Kindern über Verhandlungsstrategien mit Ärzten und Behörden bis zum Eingestehen unserer eigenen Grenzen und Möglichkeiten. Wenn wir beginnen, aus einer solchen Sicht unser »Profil« als Väter zum Thema zu machen, werden wir nicht nur mit einem gestärkten Selbstbewusstsein unsere Vaterschaft leben, sondern wir leisten so zusätzlich als Väter behinderter Kinder einen Beitrag zur gesellschaftlich längst fälligen Debatte über die Anerkennung von familiären Kompetenzen.

Lieber Christoph, es ist unterdessen sehr spät geworden. Draußen ist es Nacht und immer noch prasselt der Regen auf das Dach unseres Hauses. Mitternacht ist längst vorbei. Morgen wird ein strenger Tag. Ich bin allein, und doch fühlte ich mich beim Schreiben ganz tief mit dir und deinem Erleben verbunden – von Vater zu Vater.

Herzlich,
dein Andreas

48

Wenn es eng wird im Bett

Sexualität nach der Geburt
eines Kindes

Hubert Kössler

»Sie wollen also in unseren Verein aufgenommen werden?« Der Präsident mustert die Bewerber neugierig. »Nun, dann erzählen Sie mal. Was tun Sie alles, um die Sexualität zum Erlöschen zu bringen? Sie wissen ja, dass es unser erklärtes Ziel ist, jede erotische Stimmung schon im Keim zu ersticken. Welche Methoden wenden Sie da an, welche Erfolge können Sie vorweisen?« Er lehnt sich ein wenig zurück. Der Sekretär, der neben ihm sitzt, nimmt den gespitzten Bleistift und Notizpapier zur Hand.

Zunächst sind die Bewerber noch ein bisschen zurückhaltend. Endlich bricht einer das Schweigen. »Also, ich mache gute Erfahrungen mit Arbeit«, sagt er, »ich schaffe bis zum Umfallen, und wenn ich nach Hause komme, schlinge ich mein Abendessen runter und haue mich vor den Fernseher. Dann noch ein, zwei Bierchen – und von mir ist nichts mehr zu wollen.«

Sein Nachbar pflichtet ihm bei: »Alkohol kann einen zwar auf scharfe Gedanken bringen, aber meistens liegt dann doch nicht mehr viel drin.« »Meistens?« Der Präsident blickt unter seiner Brille hoch. »Wir lassen das Kind in unserem Bett schlafen«, ergänzt der andere rasch. »Und wenn auch das nichts nützt, erzähle ich von der letzten Vorstandssitzung. Dann ist der Abend garantiert gelaufen.«

Einer erzählt: »Was bei uns gut geholfen hat, ist der Hausbau. Da ist man mit seinem Kopf immer woanders, bloß nicht beim Sex. Ein Haus bauen, das kann ich wirklich nur empfehlen.«

Allmählich verlieren die Männer ihre Scheu. Sie unterbrechen sich, sie rufen durcheinander. Oft nicken sie bestätigend, wenn einer etwas gesagt hat. Ihr Repertoire an Strategien scheint unerschöpflich. »Voller Terminkalender!«, ruft jemand. Ein anderer empfiehlt, so lange im Badezimmer zu bleiben, bis der Frau die Lust vergangen ist. Inzwischen ist der Sekretär fast überfordert beim Versuch mitzuschreiben: Schlafmangel, vorgetäuschte Kopfschmerzen, Angst vor erneuter Schwangerschaft, Schuldgefühle, Wäschekörbe im Schlafzimmer, Streit über Kindererziehung. Präsident und Sekretär werfen sich befriedigte Blicke zu. Die Empfehlung, ein Foto der Schwiegermutter neben das Bett zu stellen, erntet spontanen Applaus. Nachdenklicher wird die Stimmung, als einer erklärt: »Am besten sind die kleinen Verletzungen im Alltag. Mal hier eine Kritik am Essen, mal da ein bisschen Spott über ihre Figur. Oder Diskussionen über das Geld. Das hält bis zum Abend an, da können Sie sicher sein. Selbst wenn ich wollte – da läuft dann nichts mehr.«

Schließlich beendet der sichtlich zufriedene Präsident die Sitzung und verteilt jedem Bewerber feierlich eine Aufnahmeurkunde. Die »Gesellschaft zur Verhinderung der Sexualität« hat ein paar neue Mitglieder dazugewonnen.

Als die acht Männer, die diese Szene im Rahmen eines Workshops über »Sexualität nach der Geburt eines Kindes« gespielt haben, die Bühne verlassen, wirken sie etwas verlegen. Einer hat sogar einen roten Kopf bekommen. Dafür ist der Beifall der Zuschauer umso herzlicher: »Das habt ihr toll gemacht! Kennen wir alle auch! Klasse, fast wie im richtigen Leben!«

Die Leichtigkeit, mit der die Männer ihre Szene entwickelt und aufgeführt haben, hat mir sehr gefallen. Doch aus der Fülle ihrer Verhinderungsstrategien spricht eine leidvolle Erfahrungskompetenz. Wer weiß schon, wie viele nächtliche Diskussionen, wie viele gescheiterte Annäherungsversuche, wie viele frustrierende Abweisungen im Hintergrund stehen?

In den Eltern- und Familienzeitschriften erscheinen alle paar Monate Artikel mit Unheil verkündenden Überschriften: »Das Kind kommt – der Sex geht«. Oder: »Elternschaft: Frust statt Lust«. Oder, mit eher wissenschaftlichem Anstrich: »Postpartale Störungen in der Paarbeziehung«.

Offenbar verbünden sich junge Eltern häufig zur ungewollten Schicksalsgemeinschaft der Sexverhinderer. Viele machen die Erfahrung, dass die Erotik zum Austrocknen kommt, wenn ein Kind da ist. Im Biologieunterricht haben wir gelernt, dass der Mensch im Unterschied zum Tier nicht nur in fruchtbaren Zeiten, sondern so gut wie immer Lust auf Sexualität habe. Ob das auch für junge Eltern gilt?

Sexualität nach der Geburt eines Kindes ist Sexualität unter erschwerten Bedingungen. Darüber sind sich junge Eltern und Sachbuchautoren einig. Welches sind die Ursachen?

Wer auch nur einen minimalen Einblick in den Alltag heutiger junger Eltern hat, kann feststellen: Oft gleichen deren Lebensumstände in prekärer Weise jenen Bedingungen, die im Workshop gerade als Sexverhinderungsstrategien qualifiziert wurden. Bei vielen Paaren steht das Erlöschen der Leidenschaft in einem inneren Zusammenhang mit der Elternschaft.

Das fängt an bei der enormen körperlichen Belastung, die ein Kind mit sich bringt. Vor allem Frauen wissen, was es heißt, müde und erschöpft zu sein. Wer monatelang keine Nacht durchschlafen kann, Berge von Wäsche zu versorgen hat, kindgerecht einkaufen und kochen muss und zwischendurch Zeit für Stillen, Babymassage und Mütterberatung finden soll, dem fällt beim Schlafengehen wohl kaum zuerst der Sex ein. Kein Wunder, dass die glückliche Mutter froh ist, endlich ihre Ruhe zu haben und jetzt nicht auch noch streicheln, küssen, schmecken, liebhaben will. Am besten legt sie den Säugling gleich neben sich – dann muss sie wenigstens nicht aufstehen, wenn er anfängt zu schreien.

Nur wird es dadurch enger im ehelichen Bett.

Und die Männer? Die versuchen zu schlafen, richten es sich irgendwie ein in diesem Bett. Am nächsten Morgen müssen sie ohnehin wieder früh raus. Ins Büro, an die Werkbank, auf Montage. Männer richten ihre Kräfte vielfach nach draußen. Nach der Geburt eines Kindes intensivieren sie ihr berufliches Engagement manchmal sogar noch mehr.

Dass sie das alles nur täten, um den dreckigen Windeln und dem Kindergeschrei zu entkommen, halte ich für eine zumindest ergänzungsbedürftige Erklärung.

Denn einerseits deuten viele Männer ihre Arbeitstätigkeit als Zeichen der Liebe für Frau und Kinder: »Für wen tu ich denn das, wenn nicht für euch?« Und andererseits: Welche Alternativen zum Full-time-Job stehen sonst für sie bereit? Man braucht heute viel Glück und einen verständnisvollen Arbeitgeber, um eine Teilzeitstelle zu bekommen. Wer die Kinder fremdbetreuen lässt, weil beide Eltern arbeiten (müssen oder wollen), muss tief in die Tasche greifen. Dazu kommen die einfühlsamen Kommentare aus der Nachbarschaft:

»Ich würde es nicht übers Herz bringen, mein Kind wegzugeben.«

Auf dem Mantel, der einem jungen Vater von allen Seiten zum Reinschlüpfen hingehalten wird, steht nicht etwa »Teilzeiterwerb und Mithilfe bei Hausarbeit und Kindererziehung«, sondern auf ihm steht »Ernährer der Familie«. Dieser Mantel ist schwer und groß; oft wurde er vom eigenen Vater geerbt, und seine Schultern sind viel zu breit, als dass ein Mann mit durchschnittlicher Anatomie sie ausfüllen könnte. Doch die meisten ziehen ihn wie selbstverständlich an. Auch wenn das Paar sich vorher alles ganz anders ausgemalt hatte, auch wenn vorher beiden klar gewesen war, dass sie Erwerbs- und Hausarbeit teilen würden. »Ernährerschock« nennt man das wohl. So wie viele Frauen, ohne es zu wollen, zu jenem Kleidungsstück greifen, das man eben für sie bereithält und das sich als Küchenschürze herausstellt.

Die Folgen dieser Rollenzuschreibungen sind vielfach beschrieben worden: Die Partner entfremden sich voneinander; Mutter und Kind gehen eine enge Verschmelzung ein, der Vater steht am Rande und wird zum Fremden im eigenen Haus. Ein ausgehungerter Mann kommt müde von der Arbeit nach Hause und trifft auf eine ausgehungerte Frau, die sich den ganzen Tag allein gelassen gefühlt hat, und beide erhoffen sich vom jeweils anderen Erfrischung und Stillung ihrer Bedürfnisse. Das ist der ideale Nistplatz für klassische Konflikte, hier bietet sich reichhaltiges Anschauungsmaterial zur Entstehung von Teufelskreisen. Während er beklagt, sie habe nur noch für das Kind Zeit, wirft sie ihm vor, er mache die Arbeit zu seiner Geliebten. Sie wendet sich enttäuscht ab, weil er ihr nicht hilft; er hilft ihr nicht – aus Frust darüber, dass sie sich abwendet. Wer hat zuerst damit begonnen, dem anderen die kalte Schulter zu zeigen? Intimität und Ero-

53

tik gedeihen schlecht in dieser Umgebung, schon eher endloses Aufrechnen, groteske Forderungen und bittere Rachegelüste.

Manchmal wird hier der Grund gelegt für weiter reichende fatale Entwicklungen. Es ist keine Seltenheit, dass ein enttäuschter Vater sich mit der Tochter verbündet oder eine enttäuschte Mutter mit dem Sohn. Solche unangemessenen Konstellationen schaden allen Beteiligten, vor allem aber den – im weitesten Sinne – missbrauchten Kindern.

Familienfeindliche Rahmenbedingungen beeinflussen das Leben eines Paares bis ins Schlafzimmer hinein. Fast ist es, als lägen nicht nur das Kind, sondern auch Kolleginnen, Arbeitgeber, Gleichstellungsbeauftragte, politische Parteien, Ämter und Behörden im Bett der jungen Eltern. Sie wirken mit an den Bedingungen, unter denen eine Frau und ein Mann heute Mutter und Vater sind. Und sie alle haben ihre Meinung mitzuteilen, reden dazwischen und wollen dem Paar zugucken, wenn es gerade im Begriff ist, zur Sache zu kommen.

Da scheint es das freundliche Ehepaar von gegenüber leichter zu haben. Die beiden streiten nicht andauernd miteinander. Bei ihnen führt die traditionelle Rollenverteilung nicht zum Dauerkonflikt. Sie haben sich nichts sehnlicher gewünscht als Eltern zu werden. Die Zeichen stehen auf Sicherheit, Wärme, Geborgenheit. Spätestens wenn die Kinder da sind, richten sie sich ein gemütliches Nest ein. Spannung, Abenteuer, gar Konflikte? »Pst, der Kleine schläft!« Der Bankangestellte, der den Bausparvertrag abgeschlossen hat, freut sich. Aber beim jungen Familienvater ist tote Hose. Wenn alle Aggressionen zugedeckt sind, wird es schwer, erotisches Knistern zu spüren. Das hat nämlich etwas mit Gefahr, mit Mysterium, mit Risiko zu tun. Nichts gegen Kuscheln –

aber es kann einem passieren, dass unter der allzu flau-
schigen Daunendecke die Sexualität erstickt.

Noch nicht genug Fallen, in die man geraten kann?
Eine weitere besteht darin, sich selbst und den anderen
nur noch als Mutter oder Vater und nicht mehr als Frau
oder Mann wahrzunehmen. Beobachten Sie einmal, wie
Sie mit Ihrem Kind über Ihre Frau sprechen: »Bring das
mal der Mama«, oder »Bring das mal der Elisabeth«?
Wenn ich an meiner Partnerin neuerdings mehr mütterliche Züge entdecke, ist das an sich noch nicht beunru-
higend. Aber gefährlich wird es, wenn alle Energie in
die Elternschaft fließt, während das Paar als Liebespaar
immer blassere Konturen annimmt.

Psychologen sprechen in diesem Zusammenhang davon, dass die Partner sich mit dem sogenannten »Inzest-
verbot« belegen: Indem ich im andern nur noch Anteile
meiner eigenen Mutter / meines eigenen Vaters sehe,
verliert sie / er für mich an sexueller Anziehungskraft,
denn Familienangehörige empfinden sich gegenseitig
nicht als sexuell attraktiv. Und wenn die eigene Frau zur
Mutter geworden ist, wird schnell einmal die nette Kollegin, die sich immer so adrett kleidet, oder die alte
Freundin von damals wieder interessant.

Auch die Idee, ein Foto der Schwiegermutter neben
das Bett zu stellen, hat es in sich. Das Paar wird mit der
Geburt des Kindes zu einer Familie. Und zwar zu einer
Großfamilie – ob es das will oder nicht. Eltern, Großeltern, Onkel und Tanten tummeln sich als »Chor hinter
den Kulissen« (Welter-Enderlin) zusätzlich in der ohnehin enger gewordenen Wohnung. Denn die frühen
Kindheitsmuster, das unausgesprochene Wissen darum,
wie man sich als Frau und Mann, als Mutter und Vater
verhält, werden jetzt aktiviert. Vorher war es für das
Paar vielleicht nicht nötig gewesen, sich darüber zu un-

terhalten. Jetzt erkennt man mit Staunen, wie der andere über Kindererziehung denkt. Oder übers Geld. Oder eben über ehelichen Sex. Die frühkindlichen Prägungen vollziehen sich subtil, aber nicht weniger wirksam. Dort lernen wir, wer wen wie verführt und wer wie mit Frust umgeht. Wer hat schon an seinen eigenen Eltern erlebt, dass Mutter und Vater Geliebte und Geliebter füreinander sind? Oder, wie eine Frau mir einmal erzählte, wie schön sie es fand, dass sich ihr Vater manchmal am Abend noch rasierte.

Übervölkerte Schlafzimmer: Wer sich da alles einen Platz sucht, schiebt, stößt, Ellbogen einsetzt, jammert, moralisiert, autoritär wird, verbietet, schimpft! Von trauter Zweisamkeit keine Spur.

Die Gefahren lauern überall. Und gleichzeitig türmen sich in den Buchhandlungen die Ratgeber: »Tantra für Anfänger«, »Mehr Spaß am Sex«, »Wie Mann wieder kann«. Ob damit dem jungen Familienvater geholfen ist? Der wünscht sich nicht ein längeres Liebesspiel, einen perfekt synchronisierten Orgasmus, eine erhöhte Potenz. Der wünscht sich einfach nur ab und zu befriedigende, lustvolle Sexualität, für die er nicht extreme Vorbedingungen erfüllen muss. Er möchte einfach nur begehrt werden. Nur so wenig. Und doch so viel.

Mit Technik kommt er da wohl nicht viel weiter. Gegen den Heute-bitte-nicht-Blick hilft auch der heiße Film nichts, den er unter Todesverachtung aus der Videothek ausgeliehen hat. Die genervte Mutter hat nur ein müdes Lächeln übrig für den Ratgeber »Wie befriedige ich meinen Mann?«, den er ihr in gut gemeinter Absicht auf den Nachttisch gelegt hat. Früher war das Boot, das die beiden auf die Insel der Lust gefahren hat, wie selbstverständlich da. Aber jetzt scheint es unauffindbar.

Nochmal zu den Männern aus dem Workshop über nachgeburtliche Sexualität. Die sind nicht bei der Klage über ungünstige Bedingungen stehen geblieben, sondern haben sich erzählt, womit sie denn gute Erfahrungen machen, wenn die Leidenschaft auszutrocknen droht. In einem Buch zur Rettung des Sex, so fanden die Männer, müssten folgende Kapitel enthalten sein:

Die Sexualität ans Tageslicht holen: Wenn ein Paar gewohnt ist, dass es sich nur beim Zubettgehen lieben kann, werden seine Möglichkeiten als Eltern deutlich eingeschränkt: Kinder können jederzeit nachts aufwachen, anfangen zu weinen, wollen gestillt werden. Sie sind neugierig und lieben es, durchs Schlüsselloch zu schauen. Elterliche Klugheit heißt hier: Flexibilität und Experimentierfreudigkeit, am Morgen, Mittag oder Abend.

Eigene Inseln aufsuchen: Was tun Sie, wenn Sie spüren, dass Sie die erotische Nähe zu Ihrer Partnerin verlieren? Für manch einen Mann besteht der erste Impuls dann darin, sich enger an die Frau zu klammern. Stattdessen könnte er die Erfahrung machen: Er wird für sie attraktiver, wenn er – ohne sie – an jene Orte geht, in denen er in seiner männlichen Energie ist. Ob das nun der Sportverein ist, den er seit der Geburt des Kindes vernachlässigt hat, oder die Wanderung mit einem Freund, oder ein Buch, das er am Abend in seinem eigenen Zimmer liest. Dieser größere Abstand befreit einerseits die Partnerschaft von übertriebenen neoromantischen Erwartungen (sie soll mein gesamtes Leben glücklich und sinnvoll machen), und andererseits lässt er die Partner vielleicht gerade das erleben, was sie aneinander begehrenswert finden.

Sich entlasten: Babysitter schaden nicht, im Gegenteil: Vielleicht ist das Kind ganz froh um den elternfreien Abend, an dem Mama und Papa miteinander ins

Kino gehen. Ein Essen aus dem Fast-Food-Fach tut's auch einmal, vor allem, wenn dadurch eine Stunde am Abend gewonnen wird. Großeltern oder andere Bezugspersonen der Kinder können ebenfalls dazu beitragen, dass sich das Paar wieder mehr als Liebespaar erlebt. Die Meinung, Kinder könnten nur unter elterlicher Dauerbeeinflussung gesund heranwachsen, entpuppt sich spätestens dann als Ideologie, wenn Mutter und Vater so entkräftet sind, dass sie weder sich selbst noch anderen etwas Gutes tun können.

Sich mitteilen, sich im Geist gegenseitiger Achtung und des Wohlwollens voneinander erzählen: Die stillschweigende Voraussetzung »Es ist doch klar, dass ich sie liebe, das brauche ich ihr doch nicht immer wieder zu sagen« wirkt sich auf die Erotik mindestens so förderlich aus wie eine roh verzehrte Knoblauchknolle. Wenn man sich nichts mehr zu sagen hat, ist es kein Wunder, dass man sich auch im Bett keinen Anteil mehr aneinander gibt. Wer möchte schon mit jemandem schlafen, von dem er sich unverstanden fühlt?

Eigene Bedürfnisse zur Sprache bringen: In welcher Sprache sprechen Sie mit Ihrer Partnerin über Sexualität? Medizinisch und nüchtern? Unterwürfig und angstbesetzt? Arrogant und aggressiv? Vor allem für einen »modernen« Mann ist es wichtig, kein schlechtes Gewissen zu haben, wenn seine männliche Sexualität aus anderen Bedürfnissen besteht als die weibliche Sexualität der Partnerin. Vielleicht kann sie bei ihm ja lernen, dass zwei Menschen, die den ganzen Tag in getrennten Welten gelebt haben, durch Sexualität eine enge Nähe aufbauen können. Oder dass ein Quickie zum Spannungsabbau auch seine Reize hat.

Unterscheiden, was wirklich sexuelle Bedürfnisse sind und was Bedürfnisse nach Nähe und Zärtlichkeit: Männer haben oft schlecht gelernt, ihre Bedürfnisse differenziert wahrzunehmen, und wurden wenig darin gefördert, wenn sie einfach mal schmusen, sich anlehnen, kuscheln wollten. So deuten sie häufig jede Sehnsucht nach Nähe als sexuelles Bedürfnis und nehmen sich dadurch eine Fülle möglichen Genusses selbst aus der Hand. Ein Teilnehmer hat dafür ein schönes Bild gefunden: Vielleicht habe ich heute viel mehr Lust darauf, gemeinsam auf einer Wiese zu liegen und Seifenblasen zum Himmel schicken?

Seiner eigenen männlichen Identität trauen: Sich selbst attraktiv finden und sich auch so bewegen und kleiden. Es ist doch eigenartig: Bei den Frauen wissen wir meist sehr genau, was uns gefallen würde. Aber kaum sind wir zu Hause, steigen wir selbst in den Trainingsanzug, legen die Füße hoch und stopfen Erdnüsschen in uns hinein.

Verabredungen: Wie oft und über wie viel banalere Dinge verabredet sich ein Paar im Laufe einer Woche! Aber für die Sexualität scheint das tabu zu sein: »Wenn es nicht spontan kommt, ist es nicht echt.« Nur: Wenn man erwartet, dass sämtliche Gefühle spontan sein müssen, läuft vielleicht überhaupt nichts mehr. Da ist es dann doch besser, immer wieder neu miteinander zu verhandeln – auch wenn das mühsam und zeitaufwendig ist: »Wer ist wofür zuständig? Wer schützt in der nächsten Zeit vermehrt die Intimität zwischen uns beiden, und wer trägt den Müll raus?«

Soweit die Antworten, die die Männer aus dem Workshop gefunden haben. Dazu noch drei Anmerkungen:

Erstens ist mir aufgefallen, dass ein Großteil dieser Erfahrungen nicht unmittelbar auf die erotische Begegnung zielt. Die Männer haben keine Rezepte ausgetauscht, kein Spielzeug empfohlen, von keiner neuen Technik geschwärmt. Stattdessen haben sie überlegt, wie der Rahmen, innerhalb dessen ein Paar versucht, Liebespaar zu sein, erotik-freundlicher gestaltet werden kann. Offenbar müssen vielfach erst die Bedingungen dafür geschaffen werden, dass es überhaupt wieder anfangen kann zu knistern. Wenn es einmal so weit ist, dann mögen sämtliche Hilfsmittel der Welt zu ihrem Recht kommen.

Zweitens ist die Liste unvollständig. Sie ließe sich um so viele weitere Empfehlungen ergänzen, wie es eben Paare gibt. Denn jedes Paar hat seine spezifischen Erfahrungen und Vorlieben, Kränkungen und Narben. Darum muss es seine eigenen Wege suchen, die für seine Situation sinnvoll sind. Die genannten Erfahrungen können also nur dazu anregen, selbst weiterzudenken, zu experimentieren und vor allem: Immer wieder darüber zu sprechen und zu verhandeln.

Und schließlich dürfte hinreichend deutlich geworden sein, dass viele der Hindernisse, die einer unbeschwerten Sexualität im Weg stehen, nicht durch das einzelne Paar allein gelöst werden können, weil sie auf der gesellschaftlichen und politischen Ebene angesiedelt sind. Dort gilt es, familienfreundliche Wege einzuschlagen, Arbeitsmodelle zu verändern, Kinderbetreuung auszubauen, geteilte Elternschaft zu ermöglichen und so weiter.

»Das erotische Vergnügen ist ein Hürdenspiel«, hat Karl Kraus einmal gesagt. In der Tat: Sexualität unter den Bedingungen der modernen Industriegesellschaft ist eine schwierige Sache. Zwar gibt sich diese Gesellschaft gern aufgeklärt und freizügig. Sie tendiert aber – jedenfalls für junge Eltern – in Wirklichkeit dazu, eine »Sexverhinderungsgesellschaft« zu werden und die Betten der Lust immer enger zu machen.

Doch erinnern Sie sich einmal, wie es am Anfang Ihrer Liebe war, damals, als noch vieles improvisiert werden musste: Auch in einem kleinen Bett kann man viel Spaß miteinander haben.

Literatur:
Hans Jellouschek: Mit dem Beruf verheiratet. Von der Kunst, ein erfolgreicher Mann, Familienvater und Liebhaber zu sein, Stuttgart 1996
Dieter Schnack/Rainer Neutzling: Die Prinzenrolle. Über die männliche Sexualität, Reinbek 1993
Dieter Schnack/ Thomas Gesterkamp: Hauptsache Arbeit. Männer zwischen Beruf und Familie, Reinbek 1996
Rosmarie Welter-Enderlin: Paare – Leidenschaft und lange Weile. Frauen und Männer in Zeiten des Übergangs, München 1992

Wütende Väter

Stephan Hagen

Wir Väter brauchen unseren Kindern gegenüber immer wieder den freien Zugang zu unserer Wut als einer wichtigen Lebensenergie. Die Tür dorthin ist jedoch oft verstellt oder blockiert. Mein Vater hat mir viel beibringen können. Den lebendigen Umgang mit Wut jedoch hat er vermieden. So sollte eine Begebenheit meiner Kindheit, in der mein Vater aus seiner unterdrückten Aggression in einen cholerischen Wutanfall ausbrach, auch zu einem Schlüsselerlebnis in meiner Mann- und eigenen Vaterentwicklung werden.

Ich war noch ein relativ kleiner Junge. Ich saß mit meinen beiden älteren Brüdern, der jüngeren Schwester und meinen Eltern am sonntäglichen Mittagstisch. Die Stimmung war ausgelassen, es ging hoch her. Mein Vater versuchte, Ruhe ins Geschehen zu bringen, und rief sichtlich hilflos: »Erzürnt mir nicht den Vater.« Das fand ich so komisch, dass ich seine Stimme sehr schrill und skurril nachäffte. Mein Vater geriet völlig außer sich und schickte mich zur Strafe in den Keller, wobei er mich in seinem aufgebrachten Zorn heftig die Kellertreppe hinunterstieß. Die plötzliche, mir entgegen geschleuderte Hassenergie erschreckte mich tief. Körperlich war mir nicht viel passiert, aber seelisch wirkte das Ereignis auf mich sehr prägend. Ich lernte somit sehr früh, Auseinandersetzungen zu vermeiden.

Als ich in einer Männergruppe aufgefordert wurde, mich an eine Szene zu erinnern, in der ich von meinem Vater geschlagen wurde, fiel mir diese Schlüsselszene wieder ein, die ich bis dahin gut verpackt in meinem Erinnerungskeller abgelegt hatte.

Ich sollte mir vorstellen, meinem Vater diesmal in der für mich als Kind erniedrigenden Situation unerschrocken und offen zu begegnen und ihm mit der Stimme meiner inneren Weisheit zu antworten. Ich sah in dieser Imagination, wie ich mich auf der Treppe umdrehte, meinen Vater direkt anschaute, und ich hörte mich folgendes sprechen: »Verzeihung, Vater, ich habe dich gereizt, aber warum hast du aufgehört, wütend und damit lebendig zu sein? Warum hast du dich bei heftigeren Konflikten zurückgezogen?« Über die tief in mir sitzende Lösung des Konfliktes war ich völlig überrascht. Zum einen hatte ich damit gerechnet, meinem Vater Schuld zuzuweisen, weil er mich verletzt hatte. Zum anderen war mir das Wissen um meine eigene Macht, die meinen Vater so gereizt hatte, nicht klar. Mein Vater war vor mir nur einmal geplatzt und war über seinen Wutanfall selbst so erschrocken, dass er viel Energie darauf verwendete, um sich nie mehr so zu zeigen. Unter dieser Wutdecke blieb viel lebendige Energie stecken.

In den Auseinandersetzungen mit meinen Söhnen begann ich, mich für meine Gefühle nicht mehr zu schämen, die Wut nicht mehr nur zu unterdrücken, sondern sie zu zeigen. Es tat mir in der Folgezeit energetisch gut, auch meine heftigen Emotionen mehr kennen zu lernen und sie somit zu kultivieren. Mir wurde klar: Mehr Wutanfälle sind zum gegenseitigen Kennenlernen der Energie besser als nur ein ganz vereinzelter, vernichtender Ausbruch. Als Prototyp für den einmaligen Wutausbruch fällt mir immer wieder das Rumpelstilzchen ein, das sich vor Wut in zwei Teile zerriss. Bei der energetischen Entladung von Wut hat man es oft mit enormen körperlichen Kräften zu tun. So machte ich es mir auf der Entdeckungsreise meiner Wut zur Regel, mir zur Energieentladung auf meinen eigenen Oberschenkel zu schlagen und dabei nur einen undifferenzierten Schrei auszustoßen, um mit der frei werdenden Energie nicht zu viel Unheil anzurichten. Ferner lernte ich es, mich nach einem Wutausbruch in einem Gespräch meinen Söhnen zu erklären. Ich konnte ihnen sagen: »Die Heftigkeit, mit der ich dich angegangen bin, tut mir Leid, zum Beispiel, dass ich dich geschlagen oder seelisch verletzt habe. Da habe ich dazuzulernen. Aber dass ich dir eine Grenze gesetzt habe, das ist und bleibt richtig. Dafür stehe ich gerade.«

So saßen mein Sohn und ich eines Tages nach einer heftigen Auseinandersetzung vor einem Loch in unserer Badezimmertür, das er mit seinem Holzpantoffel dort voller Wut eingeschlagen hatte. Ich hatte ihn meinerseits in meinem Zorn im Badezimmer eingesperrt. Das den Konflikt so klärende Gespräch zwischen Vater, Sohn oder Tochter ist sehr tief gehend und hat einen eigenen Geschmack von gegenseitigem, liebendem Verstehen. Ich vergebe mir als Vater kein bisschen an Autorität, wenn ich zugebe, dass ich in dieser Aktion überschießend war, grundsätzlich aber die Entscheidung der Strafe und des Grenzesetzens für richtig halte. Das Loch in der Tür ist heute noch da. Wir behalten es als ein Symbol für die Fähigkeit, uns gegenseitig zu erklären und nach einem Streit wieder aufeinander zugehen zu können, in stillschweigender Erinnerung. Heute danke ich meinem Vater für diese Lehrgeschichte, die er mir zu lösen aufgetragen hat. Ich glaube sagen zu können, dass Großvater, Vater und Sohn gut daran haben lernen können.

Der notwendige Blick zurück
in die eigene Kindheit

Unsere Kinder, das ist wohl ein tiefes Naturgesetz, haben Zugang zu dem unter unserem Kopfkissen versteckten Schlüssel, mit dem wir unser Kellergeschoss abgesperrt halten. Manchmal, meist unerwartet, konfrontieren sie uns mit dort unbewusst eingesperrten Kindheitserfahrungen, in die wir selbst noch verstrickt sind. Das Wort »verstrickt« sagt, dass die Lösung nicht offensichtlich vor uns liegt, sondern wir tiefer in das Geschehen vordringen müssen. Immer, wenn wir uns nach einer wütenden Auseinandersetzung mit dem Konflikt noch gefühlsmäßig beschäftigen, dann ist als erster Schritt wichtig, uns zu entspannen. Das kann zunächst aktiv sein, indem wir uns kräftig bewegen, Distanz schaffen, also bewusst den heißen Ort des Konfliktes verlassen und den »Hormonstau« in uns durch zum Beispiel kräftiges Spazierengehen um den Häuserblock abbauen. Hier können wir tiefer atmen als gewohnt, um die Spannungen loszuwerden. Bei heftigem Konflikt kann es auch gut sein, sich im Wald mit Schlagen von morschem Holz an kräftigen Bäumen oder mit lautem Schreien abzureagieren. Daran anschließend kommt der passive, aufsteigende Teil der Entspannung. Hierbei ist es gut, sich an einem sicheren Ort entspannt auf den Rücken zu legen, tiefer zu atmen als gewohnt und sich noch einmal genau die Szene zu vergegenwärtigen, die man vorher erlebt hat. Auch wenn es vorbei ist, es kann in der inneren Vorstellung alles noch einmal erlebt werden. Die Situation lässt sich so von innen heraus klären und in Ansätzen aus den alten Prägungen lösen. Eine ganz persönlich geführte Entspannungsreise kann beginnen.

Geführte Reise nach einem Wutausbruch

Schließe die Augen. Wie fühlt sich in diesem Nacherleben dein Körper an? Erlebst du irgendwo Spannungen, Druck, Einengungen?

Nimm dir fünf Atemzüge Zeit, diese Empfindungen zu beschreiben, ohne sie vom Kopf her mit Warumfragen zu analysieren. Was für ein Gefühl taucht dabei auf? (Wut, Hass, Neid, Trauer, Eifersucht, Verletztheit ... ?)

Nimm dir wieder fünf Atemzüge Zeit. Inwieweit hast du dich in der Konfliktsituation vorhin hilflos und unterlegen gefühlt, obwohl du deinem Kind gegenüber in der Wut in Wirklichkeit mächtig und überschießend aggressiv aufgetreten bist? Konzentriere dich auf deinen Atem und damit auf dein Inneres.

Jetzt gehe in deiner Lebensgeschichte zurück in die Zeit, in der du selbst noch klein warst:
Vielleicht wolltest du als Kind ganz ähnlich etwas von deinen Eltern? Hast du zum Beispiel deiner Neugierde Erlaubnis geben wollen, um deinen eigenen Weg zu finden und auszudrücken? Inwieweit wurdest du dann von deinem Vater oder deiner Mutter, deiner Großmutter oder deinem Großvater ähnlich unterdrückt, wie du es jetzt als Vater deinem Kind gegenüber getan hast? Achte jetzt auf deinen vertieften Atem und schaue, ob Erinnerungen an früher auftauchen. Wie alt warst du dabei? Nimm

dir fünf Minuten Zeit, um – nicht bewertend und mit viel Mitgefühl für deine damalige Geschichte – in deine Kindheit einzutauchen. Lass das Erlebte als eine möglichst lebendige Geschichte auftauchen. Jetzt kannst du für dich aus der Weisheit der Liebe und dem Witz eines aufgewachten Menschen die Geschichte so umschreiben und neu erleben, dass es deinem Kind von früher wirklich gut dabei geht. Erlaube dir, die neuen Bilder, die dich zufriedenstellen, anzuschauen, sie dir wie in einem Märchen vorzustellen und ganzheitlich mit dem Körper und den Emotionen nachzufühlen. So können die alten fixierten Bilder in dir gelöst werden. Die alten Bilder sind vorbei, und vor allem bist du jetzt nicht mehr das hilflose, abhängige Kind von damals.

Meist passiert nämlich der wütende Konflikt auf der zu Grunde liegenden Hilflosigkeit, aus einer zurückliegenden, in der Kindheit erlebten Situation, an die du jetzt noch glaubst, als ob sie im Moment so real wie früher passierte.

Um die Beziehung zwischen der Realität jetzt und der Projektion aus der vergangenen Kindheit zu verstehen, hilft es, sich den Vorgang als Dia-Projektion vorzustellen. In dem Projektor steckt ein Dia, das ein Bild auf die Projektionsleinwand wirft.

Vielleicht haben Sie bei einer Diavorführung im Familienkreis schon einmal erlebt, wie ein kleines Kind, das von einem Bild ganz aufgebracht ist, auf die Leinwand zuläuft und das Bild wegfangen oder an der Wand wegschieben will. Das ist auf der Projektionsleinwand, auch übertragen gemeint, eben nicht möglich. In so einer verstrickten Situation, die wir gerne ändern würden, ist es ganz wichtig, sich um 180 Grad zu drehen und in die Kindheit zurückzuschauen, direkt zum Ort der Projektion, in die Ursprungssituation. Wenn wir diese Situation erkannt haben, haben wir eher die Chance, diese Prägung wie ein Dia aus dem Projektor herauszunehmen und in der Wahrnehmung klar zu sein, frei von der Projektionsgeschichte und ebenso frei von der kindlichen Hilflosigkeit und der daraus entstandenen Dramatik der damaligen Situation. Wenn wir uns so geklärt haben, haben wir den Blick und auch das Herz offen, als Vater unser Kind in der heutigen Situation mit klarem, ungefiltertem Licht zu sehen. Wir werden bewusster reagieren können, uns für überschießende Reaktionen entschuldigen und zu notwendigen, aus dem erwachsenen Ich entstandenen Entscheidungen stehen können. Die Wahrheit ist dem Menschen gut zumutbar, gerade auch den uns nächsten, unseren Kindern. Es ist entspannend und erleichternd, so einen Konflikt in Klarheit zu lösen.

Sich der Ursache der eigenen Wutunterdrückung stellen

Bei dem Blick zurück in die eigene Kindheit entdecken wir viele ganz individuelle Schicksale, die als solche auch ganz persönlich geheilt werden wollen. Es kann hilfreich sein, zwei unterschiedliche Entstehungsmechanismen im Umgang mit der Wut zu unterscheiden: den Opfer-Typ und den Aggressor-Typ.

Der Opfer-Typ hat aus Liebe zu einem schwachen Elternteil seine Wut als Lebensenergie immer hintan stellen müssen und sich so mit dem Opfer identifiziert. Aus Liebe zum Opfer hat er diesen braven Anpassungsweg gewählt, was aus Sicht des hilflosen, abhängigen Kindes zur damaligen Zeit die einzig richtige Konfliktlösung war. In einer heutigen Konfliktsituation reagiert der Erwachsene unbewusst immer noch in der alten, tranceartig wirkenden Prägung von damals. Er erstickt seine Wut und Lebensenergie, was sich zeitweise depressiv anfühlen kann, und hält, in der Prägung eines sanften, liebevollen Jungen, den Deckel drauf, bis die gesunde Energie trotz der Unterdrückung durchbricht. Für diesen Menschen ist es heilend, seine wilden Wutausbrüche als eine Nachreifung aus der kindlichen Unterdrückung zu verstehen und sie bewusst beobachtend immer erwachsener werden zu lassen.

Der Aggressor-Typ ist dagegen voller Angst und Panik. Wie das Kaninchen vor der Schlange muss er die geballte eigene Wut in Bann halten. Er ist in seiner Wutunterdrückung voll mit dem Aggressor identifiziert. Der wie auch immer geartete aggressive Gegenangriff wäre verhängnisvoll. So hat auch dieses Kind aus der hilflosen Situation heraus völlig klug gehandelt und die Wut tief in sich vergraben. Kommt dieser Mensch jetzt als Erwachsener in eine Auseinandersetzung, sieht er sich selbst, durch die Prägung wie ein für allemal festgelegt, immer auf der schwachen, unterlegenen Seite des hilflosen Kindes.

Er fängt an, unbewusst der jetzt realen Situation gegenüber, aus vitaler Überlebensangst heraus, wie wild um sich zu schlagen. Er sieht sein Leben bedroht, sich wie einem Drachen gegenüber stehen und verkennt völlig die reale Situation, dass er selbst jetzt seinem Kind gegenüber als Drache auftritt und so die verstrickte Geschichte weitergibt. Heilend für diese Reaktionsweise ist das Erkennen, eventuell auch das Zeigen der eigenen Hilflosigkeit und die Bereitschaft, sich in der eigenen Verstrickung durch bewusstwerdendes Verstehen helfen zu lassen.

Der Opfer-Typ

Manchmal kann die Spur zur eigenen Klarheit so versteckt sein, dass man sie nicht alleine finden kann. Hierbei ist es notwendig, das eigene System zu öffnen und einen Freund oder Psychotherapeuten als Wegbegleiter hinzuzunehmen.

So kam ein Mann, Vater von zwei Kindern, fünf und sieben Jahre alt, zu mir zur Therapie. Er litt unter heftigen Wutausbrüchen, bei denen seine Frau und seine Kinder vor ihrem sonst so liebevollen Vater erschraken und Angst bekamen.

Beim genauen Wahrnehmen einer solchen Konfliktsituation in oben beschriebener, innerer Achtsamkeit stellt sich heraus, dass die Kinder dem Vater so lange auf der Nase herumtanzen, bis er als Ausdruck einer gesunden Reaktion endlich Grenzen setzt. Er hält die Reaktion nur viel zu lange unter Verschluss, bis sie unkontrolliert herausplatzt. Beim Rückblick auf diese Konfliktsituation, in der er seinen Kindern viel zu viel Raum gewährt, kommt er auf seiner Erinnerungsreise zurück in die Zeit, als er drei Jahre alt war. Damals starb seine um zweieinhalb Jahre jüngere Schwester, die schwer behindert auf die Welt gekommen war. Seine Mutter war in dieser Trauer, verbunden mit einem schlechten Gewissen, vielleicht doch an der Behinderung ihrer Tochter schuld gewesen zu sein, selbst so blockiert, dass sie den dreijährigen Sohn einschüchterte und auf seinen »Ich will aber«-Streifzügen völlig beschnitt. Sie hatte Angst, auch ihn zu verlieren. Aus Liebe zu seiner Mutter begann der Junge, damals gerade im Trotzalter, seine frechen und frischen Impulse einzufrieren, und identifizierte sich mit der Mutter als Opfer. Das hat ihn in seinem Leben eindeutig geprägt. Durch das Toben seiner eigenen Kinder, die sich ihren Lebensraum in vollen Zügen nehmen, gerät der Vater jetzt immer wieder unter Druck. Er kann sein altes Versprechen der Mutter gegenüber, als Ersatz für die verstorbene Schwester selbst das »brave Mädchen« zu sein, nicht mehr halten. Er platzt, eine für ihn befreiende Spontanheilung, die aber, unbewusst ablaufend, in ihrer Heftigkeit andere verletzt und deshalb dringend Bewusstwerdung braucht. Erst dann können alle Beteiligten einschließlich der Kinder neu lernen, Grenzen, in Klarheit gesetzt, als notwendig zu erkennen.

Der Aggressor-Typ

Die Wut ist an sich ein Gefühl oder ein Lebensausdruck wie Lachen und Weinen auch. Nur die Unterdrückung der Wut, die ihre Ursache in der eigenen Kindheit hat, bereitet Probleme und verursacht Leid. Spontan gelebt nennen wir die erlöste Form auch den »heiligen Zorn«, der frei von kindlich geprägter Unterdrückung fließt und nicht verletzt, sondern klärt. Nun wollen wir uns den Aggressor-Typ näher betrachten, der aus Angst vor dem überlegenen Aggressor seine Wut unter Druck zurückhalten muss. Es ist notwendig, dem Aggressor in der in-

nerlich wiedererlebten Kindheitsgeschichte entgegenzu-
treten. Das gleicht mythologisch gesehen dem Kampf mit
dem Drachen. Der Kampf besteht zunächst darin, sich
dem Drachen zu stellen und der dabei auftauchenden
Angst unerschrocken zu begegnen. Dabei kann der Erwachsene jetzt erkennen, dass der kleine Junge von damals, hilflos und abhängig wie er war, hoch intelligent
und klug gehandelt hat, den wutentbrannten Elternteil
nicht noch mit der eigenen Aggression zu reizen und somit sein eigenes Leben aufs Spiel zu setzen. Mit der Faust
in der Tasche und einem Druck im Bauch hat er klug und
notgedrungen sein Schwert eingesteckt. Das war damals
die einzig richtige Reaktion. In der therapeutischen Heil-
situation kann der Erwachsene in einem weiteren Schritt
nun seinem hilflosen Kind in Form einer Imagination zu
Hilfe kommen, ihm den Rücken stärken und ihn aus dieser in der Vorstellungskraft sicheren Position heraus auf-
fordern, dem Aggressor direkt zu begegnen.

Bei mir war ein Mann in Therapie, etwa 35 Jahre alt,
Vater eines Kindes, der von seinem Vater offensichtlich
nicht gewollt und gerade im Alter von drei Jahren in der
Entwicklung seiner eigenen Expansion sehr viel geschlagen und unterdrückt worden war.

Im Schutz und in der Sicherheit der therapeutischen
Situation sieht er sich nach einer Weile ganz archaisch als
Erzengel Michael dem Satan gegenüber. Er hält der
Furcht erregenden Energie stand und schaut seinem
hasserfüllten Vater in die Augen, die Fenster der Seele. Er
lässt sich berühren wie früher, Wellen der Wut erfassen
ihn. Er befreit seine kindliche Seele, indem er seine Wut
in diesem Schonraum ungehindert zeigt. Sie kann sich
endlich frei und voller Verständnis für das Kind von damals dem Aggressor gegenüber ausdrücken. Dann aber
schaut er auch aktiv zurück. Was ist mit dem Menschen

los, der seinem hilflosen Kind, also ihm selbst gegenüber, so wild und heftig auftritt? Er schaut in innerer Achtsamkeit in das Leben seines Vaters zurück und sieht ihn seinerseits von seinem Alkoholiker-Vater geschlagen und in der eigenen Entwicklung tyrannisch unterdrückt. Er sieht ihn in seiner Ausweglosigkeit und erkennt in der Tiefe das hilflose, liebesbedürftige Kind. In diesem Moment, durch die Aufmerksamkeit und Beachtung sichtlich bewegt, beginnt der Vater des Sohnes in seiner Geschichte tief erschüttert zu weinen. Der Satan schmilzt zu dem, was er in Wirklichkeit ist, ein hilfloser, selbst geschlagener Junge. In dieser tiefen Begegnung findet Wieder-Sehen und gegenseitiges Erkennen einer verstrickten Vater-Sohn-Beziehung statt.

Nur durch so tiefes Verstehen und das Wiedergewinnen der Liebe dem Aggressor gegenüber löst sich der Hass und damit auch die innere Wutblockade auf. Der befreiende Schritt des Vaters, der sein Kind aus unterdrückter Wut heraus schlägt, liegt im Bewusstwerden, im Aufdecken der Entstehungsgeschichte, im Nacherleben der völlig unterdrückten Wutenergie und im Aussöhnen mit den persönlichen Wurzeln.

Die Angst, in der Wut den Beziehungsfaden zum Kind zu verlieren

Als mein älterer Sohn in der vierten Klasse war und es um den Übertritt ins Gymnasium ging, verheddere ich mich in der Beziehung zu ihm immer mehr. Die Auseinandersetzungen wegen unbefriedigender Leistungen wurden heftig und unfruchtbar. Ich war hilflos, wütend und konnte meinen blinden Fleck nicht erkennen. Ich spürte nur, dass die Beziehung sich zunehmend verschlechterte. Mein Wille, für meinen Sohn das Richtige zu wissen, war so übermächtig, dass ich seine eigene Entwicklung übersah. Ich war als Vater ziemlich verzweifelt und lernte in einem Wochenend-Workshop einen indianischen Heiler kennen, der mich durch seine einfache und ursprüngliche Weisheit tief berührte. In meiner Not beschloss ich spontan, am nächsten Tag mit meinem Sohn zu ihm zu gehen. In mir drängte es danach, mein zu eng gewordenes System zu öffnen, einen Vertrauten, Freund oder Therapeuten einzubeziehen.

Mein Sohn, damals zehn Jahre alt, ging auf meinen Wunsch hin mit, behängt mit laufendem Walkman und in Turnschuhen, wobei er die offenen Schnürriemen als Zeichen von Lässigkeit nach sich zog. Im Tiefsten schämte ich mich dafür, in welchem Aufzug mein Sohn bei dem Heiler eintraf. Zwei Welten begegneten sich, der sich mit alten Heilweisen auskennende Indianer und das amerikanisierte, musikbeschallte Kind der 90er Jahre. Er begrüßte meinen Sohn ganz offen und fragte ihn neugierig: »Can I listen?«, woraufhin mein Sohn ihm einen seiner Ohrstöpsel als Kopfhörer zum Mithören gewährte. »Oh, this is your music, you chose this music, great.« Mein Sohn sah die leuchtenden Augen eines erwachsenen Mannes, der ihn anlachte und bewunderte für seinen eigenen Geschmack. Mir blieb die Aufgabe, die Sprache des Herzens zu übersetzen. »O, das ist deine Musik, die hast du ausgewählt, großartig.« Die Lehre, die ich als Vater in einem anrührenden Gespräch gezeigt bekam und Satz für Satz meinem Sohn und im Tiefsten mir selbst übersetzte, war: »Setz dich mit deinem Sohn ans Feuer und warte ab, was für ein Geschenk er für dich in seinen Händen hält.« In meinem Engagement um meinen Sohn, gezeichnet von Angst und hilfloser Wut, hatte ich das Vertrauen ins Leben verloren. Die Grundlage des tiefsten Kontaktes ist die Liebe. Die Beziehung von Vater und Sohn war um eine Dimension reicher geworden, die wieder gefundene Sprache des Herzens.

Einige Zeit später fand ich folgende Indianer-Geschichte, die ich Ihnen als eine meiner Lieblings-Geschichten zum Schluss gerne weitergeben will:

Ich habe meinen Weg gefunden

»Du wirst es zu nichts bringen«, sagte der Vater. »Ungeschickt bist du beim Jagen, langsam beim Laufen, schwach beim Kampf mit deinen Gefährten. Du hast nichts im Kopf, als dem Gesang der Vögel zu lauschen.«

Und der Sohn schwieg und senkte den Blick.

»Oben, in der Einsamkeit der Berge, werde ich für dich ein Zelt bauen. Dort wirst du bleiben, bis du ein Mann geworden bist.«

Die Tage vergingen. Der Sommer eilte dahin und der Herbst. Da reute es den Vater, und er machte sich auf zum Zelt seines Sohnes. Er fand es verlassen und leer. So viel er auch suchte und rief, sein Sohn blieb verschwunden. Allein kehrte der Vater ins Dorf zurück. Trostlos und dunkel waren fortan seine Tage. Seine einzige Freude war ein Rotkehlchen, das neben dem Zelt in einem Busch sein Nest gebaut hatte und jeden Morgen und jeden Abend ganz wunderbar sang.

Der Vater wurde alt und einsam.

Da hörte er im Traum die Stimme seines Sohnes: »Mein Vater, als ich ein kleiner Junge war, liebte ich dich

und wollte dich glücklich machen. Aber ich vermochte
es nicht. In den Bergen habe ich meinen Weg gefunden.
In bin ein Vogel geworden, Vater, und singe für dich.
Mein Lied wird deinen Schmerz besiegen und deine
Tränen trocknen.« Wolfgang Poeplau[1]

Aus Wut Lebensenergie entwickeln

Erfahrungen und Erkenntnisse,
gesammelt als Psychotherapeut und Vater

1. Es ist besser, Wut zu spüren und sie zu zeigen, als sie zu unterdrücken. Der in der Kindheit entstandene Wutstau verlangt danach, energetisch und bewusst gelöst zu werden.

2. Hass ist eine unterdrückte, »verschimmelte« Wut, die nie gelebt werden durfte. In diesem Fall ist es gut, therapeutische Hilfe, das heißt einen Schonraum aufzusuchen, in dem man die Wut zunächst aus der verhassten Form befreien darf, sie nacherleben kann, um sie dann in die Klärungsphase zu führen.

3. Für die Klärung der Wut ist es wichtig zu erkennen, dass meist eigene Hilflosigkeit und Abhängigkeit, also kindliche Gefühle, die Wurzel des Wutausbruches sind.

4. Um Verletzung im Umgang mit Wut zu vermeiden, ist der Blick des Elternteils aus der aktuellen Situation zurück in die eigene Kindheit und in die Wutunter-

drückungssituation von damals unabdingbar. Es ist
erlösend, Licht ins Unbekannte zu bringen, das eigene innere Kind von früher einfühlend und nicht bewertend mit dem Blick des liebevollen Erwachsenen
neu zu verstehen.

5. Kein anderer Mensch auf der Welt kann meine erlebte
   Kindheit ändern. Ich selbst aber kann innerlich an mir
   arbeiten, diese alten Prägungen, hier insbesondere im
   Umgang mit der Wut, mehr und mehr zu lösen. Dabei
   kann ich mich selbst immer mehr kennen lernen, um so
   die Sprache des Herzens wiederzufinden, hier und
   jetzt ganz spontan und lebendig leben und reagieren zu
   können.

6. Erwachsene Wut macht eine zu setzende Grenze einfach klar, sagt Nein mit Beharrlichkeit und Geduld
   und kann die momentan entstandene Trennung aus-
   halten. Im Vollbesitz seiner Kraft und Energie glaubt
   der erwachsene Vater an sich und seine gesetzte
   Grenze. Die tief zugrunde liegende Liebe geht dabei
   nicht verloren.

[1] *Wolfgang Poeplau aus: In die Mitte der Welt führt deine Spur.
Texte indianischer Weisheit* © *Christophorus-Verlag, Freiburg,
2. Auflage 1985*

Hättest du doch geredet

Das Schweigen der Väter

Hans Jellouschek

»Reden ist Silber, Schweigen ist Gold«, sagt ein altes Sprichwort. In diesem Beitrag geht es allerdings um ein Schweigen, das *nicht* Gold ist, ein Schweigen, das sich destruktiv auswirkt, das Schweigen der Väter. In einem ersten Teil will ich dieses Phänomen beschreiben, um etwas über die Auswirkungen zu sagen, die es für die jeweils folgende Generation hatte und hat. Dabei habe ich hier ausschließlich die Söhne im Blick. Im zweiten Teil versuche ich, das Schweigen der Väter zu verstehen. Was sind die Gründe dafür? Wie kam und kommt es dazu? Aus dem Verstehen heraus will ich schließlich im dritten Teil nach Möglichkeiten fragen, die Kette des Schweigens zu durchbrechen, denn wir stellen immer wieder fest, dass sich das Schweigen von Generation zu Generation fortpflanzt, wenn dagegen nicht bewusst angegangen wird.

Tatsachen und Folgen

In meiner therapeutischen Arbeit mit heute erwachsenen Söhnen beeindruckt mich immer wieder, wie viel Schweigen sie bei ihren Vätern erlebt und wie sehr sie darunter gelitten haben. Ich möchte als Beispiele zwei Männer zu

Wort kommen lassen, die sich schriftlich dazu geäußert haben: Der eine ist der Schriftsteller Peter Härtling in seinem autobiografischen Roman »Nachgetragene Liebe«, und der zweite ist der Psychoanalytiker Guy Corneau in seinem Buch »Abwesende Väter – verlorene Söhne«.

Härtling schildert am Anfang seines Buches eine Begebenheit, die wohl eine Schlüsselszene für seine Beziehung zum Vater darstellt. Der fünfjährige Peter will mit dem Dreirad seinen Vater in dessen Anwaltskanzlei im Nachbarort besuchen, er macht sich auf den Weg. Man vermisst ihn, sucht ihn, und der Vater entdeckt ihn schließlich, als den kleinen Mann gerade der Mut verlassen hat, weil ihm der Weg viel zu weit geworden ist.

»Ich höre das Auto, die Hupe stößt mich in den Rücken, scheucht mich an den Rand.

... In einem grauen Anzug steigt er aus dem Auto, richtet sich auf, geht auf das Kind zu, das sich über den Lenker beugt, kein Wort über die Lippen bringt, packt es wie ein Karnickel, reißt es hoch, schleppt es zusammen mit dem Dreirad zum Wagen. Beides verstaut er im Fond, setzt sich neben den Fahrer, sagt kein Wort, schüttelt nicht den Kopf, murmelt nichts, schimpft nicht.

Als der Wagen vor dem Haus anhält, wendet er sich endlich um ... Er sagt: Steig aus und entschuldige dich bei deiner Mutter. Er kehrt dem Kind schon wieder den Rücken zu, eine graue, vorwurfsvolle Falte unter dem braunen Nacken und dem schwarzen, glattgekämmten Haar.

Ich kann mir deine stumme Strenge nicht erklären, Vater. Warum hast du mich nicht ausgeschimpft? Warum hast du deinen Zorn nicht gezeigt oder die Freude, mich gefunden zu haben? Warum hast du nicht gesagt: Mutter und ich, wir haben uns sehr um dich ge-

sorgt, und nicht gefragt: Wo wolltest du denn mit deinem Dreirad hin? Warum hast du damals dein Schweigen begonnen und es so gut wie nie gebrochen?«[1]

Peter Härtling erlebt in der Rückschau seinen Vater immer wieder als einen, »der kommt und geht, abfragt, befiehlt, verbietet, schweigt, oder dessen Hand sich in meinen Nacken legt«.[2] An einer Stelle redet er ihn direkt an:

»*Du kamst und gingst. Du warst da und zogst dich zurück. Du schwiegst und schlugst. Du warst der ruhige große Mann in der Kanzlei und konntest im nächsten Augenblick alle Macht verlieren. Wenn ich jetzt an dich denke, kommt es mir vor, als hättest du immer nur eingeatmet, und es nie gewagt, einmal, ein einziges Mal, auszuatmen.*«[3]

Wie sehr der kleine Peter etwas anderes gebraucht hätte, wie sehr er sich nach Nähe sehnte, und wie selten diese Sehnsucht an ihr Ziel kam, das bringt Härtling immer wieder auf ergreifende Weise in seinem Buch zum Ausdruck.

Ganz ähnliche Erfahrungen machte der kanadische Psychotherapeut Guy Corneau. Er schildert, wie unendlich wichtig es für ihn war, als er noch sehr klein war, wenn Vater ihm Geschichten aus seiner Zeit als Holzfäller erzählte.

»*Diese Geschichten waren richtige Mythen für mich geworden, Mythen, denen zu lauschen ich niemals müde wurde.*«

Aber als er größer wurde, änderte sich das:

»Dann plötzlich, als ich in die Pubertät kam, als ich ihn am meisten brauchte, war er nicht mehr da. Er war verschwunden, weg. In Wirklichkeit war ich verschwunden, als ich ins Internat ging, zum Seminar. Am Anfang kam ich dort pro Woche vier Stunden heraus, um meine Angehörigen zu sehen. Ich weiß noch, wie ich jeden Sonntag hoffte, dass wir, mein Vater und ich, miteinander sprechen würden, und saß dann immer in dem Sessel meiner Mutter neben dem, in dem mein Vater saß und Zeitung las. Ich wünschte mir so sehr, dass er etwas zu mir sagte, mit mir redete, mir irgend etwas erzählte, irgend etwas über seine Arbeit, über Raketen, Weltraumfahrzeuge, irgend etwas. Ich dachte mir andauernd Fragen aus, die ihn interessieren könnten. Ich brauchte seine Anerkennung, so dass ich verzweifelt den Mann spielte. Aber es klappte nie. Vielleicht interessierte ich ihn einfach nicht, oder vielleicht dachte er, er hätte sein Soll bereits erfüllt. Schließlich hatte er mir die Ausbildung ermöglicht, die ihm versagt gewesen war. Später, als ich mich dem Ende meiner Ausbildung näherte, und während mein Vater an seinem Mangel an Bildung litt, versuchten wir ein paarmal miteinander ins Gespräch zu kommen, aber unsere Versuche endeten immer an einem toten Punkt. So wie er seinen Standpunkt verteidigte, ließ er mir keinen Raum, selbst einen zu beziehen. So stellte es sich jedenfalls in meinen Augen dar. Wieder ließ mich mein Vater allein, weigerte sich, mich anzuerkennen. Meine Argumente waren wertlos und würden immer wertlos sein. Ich konnte Versuche unternehmen, aber ich war kein Mann. Wenn er doch nur hätte einsehen können, wie sehr ich mich bemühte, ihn zu erreichen, wie sehr ich ihn brauchte. Wenn ich es ihm doch nur hätte sagen können!«[4]

Was diese beiden Männer, unterschiedlichen Alters und in unterschiedlichen Kulturkreisen erlebt haben, könnte man durch unzählige Beispiele in vielen Variationen vermehren und ergänzen. Im zweiten Text wird auch deutlich, warum das Schweigen der Väter für die Söhne so zerstörerisch wirkt. Der Vater ist der erste Mann, das erste Wesen des gleichen männlichen Geschlechts, das dem kleinen Jungen begegnet. Wie dieser große übermächtige Mann mit ihm, dem Kleinen, umgeht, daran entscheidet sich wesentlich mit, wie er, der Kleine, sich als männliches Wesen, als werdender Mann fühlt und fühlen wird. Freilich findet dieser Kontakt nicht nur durch Worte, nicht nur durch Sprechen statt. Aber wo Stummheit zwischen Vater und Sohn herrscht, da fehlt meist auch der körperliche Kontakt.

Wenn der Vater in dieser Weise schweigt, fühlt der Junge sich in seiner werdenden Männlichkeit missachtet und abgewertet. Der große Mann da, der ihn nicht sieht oder der ihn schlägt, über ihn hinwegguckt oder sich hinter seiner Zeitung verschanzt, vermittelt eine stumme und doch alles durchdringende Botschaft, die da lautet: »Du Kleiner bist nichts wert. Mit dir ist nicht viel los. Aus dir wird wohl nicht viel werden!« – Wenn Väter schweigen, beschädigen sie das Identitätsgefühl ihrer Söhne. Als erwachsene Männer meinen sie dann, allein im Leben zu stehen. Sie spüren keinen wohlwollenden, ermutigenden väterlichen Blick auf sich ruhen, keinen starken Vater »im Rücken«, an den sie sich innerlich mal anlehnen können. Sie werden von Ängsten geplagt, im Beruf zu versagen, sexuell nicht zu genügen, als Väter ihrer Kinder ungenügend zu sein und so weiter.

Das ist keineswegs immer so ohne weiteres sichtbar. Oft verbergen die Söhne schweigender Väter ihre Ängste hinter einer Fassade des unauffälligen, klaglosen Funktionierens, oder auch hinter einer Fassade großspuriger Männlichkeit und autoritären Gehabes. Dahinter versteckt sich der kleine Junge, der zu seinem Vater keinen Zugang gefunden hat, dessen Schweigen er nicht durchdringen konnte und deshalb meint, mit ihm, dem Sohn, würde etwas nicht stimmen, er, der Sohn, würde grundsätzlich nicht genügen. Deshalb muss er so klaglos funktionieren oder so autoritär auf den Putz hauen: damit niemand dahinterkommt, dass es mit ihm nicht weit her ist. Damit ist aber die Chance sehr groß, dass so die Kette des Schweigens weiter geführt wird, dass die Söhne als Väter das Schweigen ihrer Väter weitergeben.

Gründe

Um diese Kette zu durchbrechen, ist es nötig, zu verstehen, warum unsere Väter geschwiegen haben. Ich bringe das Beispiel eines etwa 45jährigen Mannes, der an einem therapeutischen Seminar, einem sogenannten »Skript«-Seminar unter meiner Leitung, teilgenommen hat. Heinz lebt allein. Eine Frau, mit der er zwei oder drei Jahre zusammen gelebt hat, hat sich vor kurzem von ihm getrennt, und er versteht die Gründe für diese Trennung nicht. Davor lebte er in einer langjährigen Ehe, die für ihn sehr unbefriedigend war, was er mit häufigen Außenbeziehungen zu kompensieren versuchte. Als dies auffsog, ging die Ehe in die Brüche. Zu seinen beiden Söhnen hat er keinen Kontakt.

1. Wie es der Methode dieser Seminare entspricht, lade ich ihn ein, das Bild seiner Herkunftsfamilie, wie er es in

sich trägt, mit Teilnehmern aus der Gruppe »aufzustellen«. Jeder Teilnehmer stellt ein Mitglied seiner Herkunftsfamilie dar.

Heinz stellt als ersten einen Teilnehmer als Vater auf, den Blick in die Ferne gerichtet, dann jemanden für die Mutter, weit weg vom Vater, fast am anderen Ende des Seminarraumes. Um die Mutter herum gruppiert er die Darsteller der Kinder: zwei Schwestern, nah zusammen, der Mutter gegenüber, und schließlich sich selbst ganz eng bei der Mutter, fast auf ihr drauf.

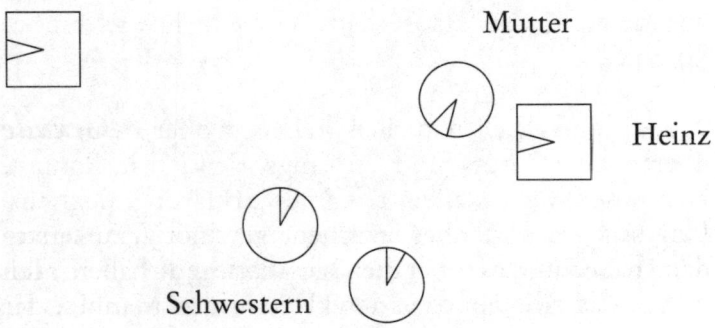

Den Vater schildert er als schweigsam, autoritär, abwertend, und so, wie er seinen Darsteller im Raum aufgestellt hat, »weit weg«. Ich frage ihn, wohin er denn meint, dass der Vater schaut. Er nennt als Erstes dessen Arbeit. Er hätte sich vom Beruf vollständig auffressen lassen. Er nennt damit zweifellos einen ersten wichtigen Grund für das Schweigen vieler Väter: die oftmals fast ausschließliche Berufs- und Leistungsorientierung so vieler Männer.[5] Dazu kommt die in unserer Industriegesellschaft übliche Trennung von Arbeitsplatz und Familie, und beides zusammen lässt oft jene Mauer des Schweigens zwischen ihnen und ihren Familien entstehen. Das Umschalten von der Sach- und Leistungsorientierung, wie sie der Beruf verlangt, auf die Welt ihrer Frauen und Kinder, in der ganz andere Gesetze gelten, in der Einfühlung, Geduld, Sich-Einlassen auf Beziehung gefragt sind, fällt ihnen häufig sehr schwer, zumal wenn sie auch noch viel äußeren Druck am Arbeitsplatz erleben, wie dies in der Nachkriegszeit der Fall war und wie sich dies heutzutage im Zeitalter der Globalisierung und Rationalisierung wieder zunehmend verstärkt. Die Männer wurden und werden so zu Hause verstummende Fremde, die nichts zu sagen haben, weil sie innerlich noch von der Arbeit besetzt sind und zudem von dem, was zu Hause läuft, nicht mehr viel mitbekommen.

2. Man muss sich natürlich fragen, woher denn diese übertriebene Berufs- und Leistungsorientierung kommt. Der äußere Druck allein reicht als Erklärung nicht aus. Mag sein, dass Männer auch eine gewisse Veranlagung dazu haben und darüber die Orientierung auf die Kinder und die Familie hin so in den Hintergrund tritt, dass sie zu Hause verstummen. Aber schwerer wiegt sicher ein anderer Grund, der an dem Bild, das Heinz aufstellte, deutlich zu sehen war: Mann und Frau standen, wie gesagt, weit auseinander und blickten in verschiedene Richtungen. Heinz hatte also erlebt, dass die Beziehung seiner Eltern als Paar tief gestört war. Diese Beziehung existierte so gut wie gar nicht. Das erlebe ich immer wieder: Die Verschlossenheit und das Schweigen der Väter haben auch darin ihren Grund, dass die Paarbeziehung schwer belastet ist. Unausgetragene, schwelende Konflikte in der Paarbeziehung verschließen ihnen den Mund, und damit bringen sie sich, wie es im Bild von Heinz augenfällig zu sehen war, an den Rand der Familie.

Wenn der Mann keinen Platz an der Seite seiner Frau hat, weil er sich diesen nicht nimmt oder sie ihm diesen nicht lässt, dann nimmt er oft auch seine Rolle als Vater bei den Kindern nicht wahr. Töchter haben es hier in gewisser Weise manchmal besser. Die Väter haben zu ihnen vergleichsweise dann noch den leichteren Zugang. Zwar leiden auch sie unter der Distanz der Väter, aber häufig bleibt für sie doch noch etwas mehr übrig als für den Sohn. Denn dieser gerät häufig – wie ebenfalls an dem »Familienbild« unseres Heinz deutlich sichtbar – in einer solchen Konstellation viel zu nahe an die Seite der Mutter. Er wird so etwas wie ihr Ersatzpartner. Damit aber wird er zum Rivalen des Vaters, was häufig die eigentliche Ursache heftiger Vater-Sohn-Konflikte ist und noch häufiger die Ursache des ressentimentgeladenen Verstummens zwischen beiden. Der Sohn nimmt dem Vater übel, dass er so wenig einfühlsam für die Mutter ist, und der Vater nimmt es dem Sohn übel, dass er ihm den Platz bei der Mutter wegnimmt und im Vergleich zu ihm bei ihr immer die besseren Karten hat. Kein Wunder, dass ein liebevoller Austausch dann zwischen ihnen verstummt.

Da, wo das Schweigen der Väter besonders stark ausgeprägt ist, stellen wir – und damit fasse ich die bisherigen Gedanken zur Familienkonstellation schweigender Väter zusammen – oft fest, dass der Vater aus dem Familienverband gleichsam ausgeschlossen ist beziehungsweise sich selber ausschließt,

* weil die Beziehung des Mannes zur Frau emotional tot oder konfliktgeladen ist,
* weil die Mutter mit den Kindern gleichsam einen geschlossenen Kreis bildet, in dem für den Vater kein Platz ist, und
* weil der Sohn oder einer der Söhne den Platz des Vaters neben der Mutter einnimmt.

Alle drei Elemente wirken zusammen, bedingen und verstärken sich gegenseitig, was eine oft undurchdringliche Mauer des Schweigens zwischen den Vätern und ihren Familien, und vor allem ihren Söhnen errichtet.

3. Aber wir wollen bei diesen Gründen nicht Halt machen, sondern die Ursachenforschung noch einen Schritt weitertreiben. Dass solche Familienstrukturen entstehen, hat oft auch etwas mit der individuellen Geschichte dieser Väter zu tun. Kehren wir zur Familie von Heinz zurück:

Ich gab mich mit der Antwort, der Vater sei mit seinem Blick in die Ferne ganz auf die Arbeit hin ausgerichtet, noch nicht zufrieden. Auf genaueres Nachfragen hin stellte sich heraus: Was seinen Blick gleichsam noch »hinter« der Arbeit fesselte, das war seine schlimme Vergangenheit. Heinzens Vater war mit sechzehn Jahren zum Militär eingezogen worden, kam – fast noch ein Kind – sehr bald an die Front, wurde verwundet, geriet in russische Gefangenschaft. Nach dem Krieg, als er Mitte zwanzig war, kam er nach Hause zurück und erfuhr, dass sein Vater, also Heinzens Großvater, im selben Krieg gefallen war. Das und die schrecklichen Erlebnisse in den Jahren zuvor waren offensichtlich zu viel für ihn. Sie verschlossen ihm den Mund, sie machten ihn sprachlos. Und es war eigentlich kein Wunder, dass er das Einzige, das er in seinen Jugendjahren zwischen 16 und 25 beim Militär und im Krieg gelernt hatte, nämlich sich der Autorität zu beugen und klaglos zu funktionieren, nun auf seine eigene Familie übertrug und auf Heinz, der dagegen rebellierte und sich damit vollends dem Vater entfremdete.

Das Schweigen unserer Väter hat häufig mit deren eigener individueller Vergangenheit zu tun, hier in diesem Fall mit einer besonders tragischen Vergangenheit, die vom Naziregime und vom Zweiten Weltkrieg mit seinen schlimmen, unverarbeiteten Erfahrungen geprägt war und die sich gar nicht so selten hinter dem Schweigen vieler Väter dieser Generation verbirgt. Aber auch andere Hintergründe in der Vergangenheit kann dieses Schweigen haben. Heinz ist selber ein schweigender Vater. Er berichtet, dass er keinen Kontakt zu seinen Söhnen aus erster Ehe hat. In seiner überverantwortlichen Position in seiner Herkunftsfamilie, als Partnerersatz für die Mutter, hat er nicht gelernt, mit seinen eigenen Bedürfnissen in Kontakt zu kommen und über sein Innenleben zu reden. »Muttersöhne« wie er sind prädestiniert, ebenfalls schweigende Väter zu werden.

Möglicherweise spielte bei ihm auch noch mit – und dies ist eine weitere Variante, die häufig den Hintergrund des Schweigens ausmacht –, dass Heinz als einziger Junge und Hoffnungsträger die unausgesprochenen Wünsche des Vaters, es einmal zu mehr zu bringen als ihm möglich war, zu erfüllen suchte. Solche familiären Erwartungen und »Delegationen« schaffen einen Druck, der Männer in ihren privaten Beziehungen ebenfalls zum Schweigen bringt, weil sie ihre gesamte Energie damit verbrauchen, den unbewussten Auftrag ihrer Väter zu erfüllen, etwas Außerordentliches zu leisten.

Manchmal stammen schweigende Väter aber einfach auch aus Familien, in denen ein sehr geringes Selbstwertgefühl vermittelt wurde. Sie reden dann deshalb mit ihren Söhnen nicht, weil sie aus geringer Selbstachtung heraus gar nicht realisieren, dass sie für diese so wichtig sind. So war einer meiner Klienten in jungen Jahren Mitglied in einer Jugendgruppe, die von Ordenspatres geleitet wurde. Er trat mit achtzehn Jahren in diesen Orden ein und litt viele Jahre darunter, bis er den Austritt schaffte. In der Therapie wurde ihm deutlich, wie diese Patres Vater-Stelle für ihn eingenommen hatten, weil sein Vater selbst sich für so unwichtig hielt, dass er sich ganz zurückzog. Im Gegenüber zu ihm klagte er: »Papa, warum hast du mich den Patres überlassen? Warum hast du mich so kampflos an sie abgegeben? Ich hätte dich so gebraucht!« So unterschätzen Väter oft sich selbst in ihrer Bedeutung für ihre Söhne! In ihrer Selbstabwertung lassen sie sie allein und geben ihre Verantwortung an »Ersatzväter« ab.

Auswege

Wie immer wieder deutlich geworden ist, werden Söhne, die unter dem Schweigen ihrer Väter gelitten haben, für ihre Söhne oft selbst wieder schweigende Väter. Nicht zuletzt darum wird jetzt die Frage immer dringlicher: Wie kann der Bann dieses sich fortpflanzenden Schweigens durchbrochen werden? Ich komme also jetzt zu den Auswegen aus dem Schweigen.

1. Den wichtigsten Weg aus dem Schweigen haben wir bereits beschritten, indem wir nach der Geschichte des Schweigens gefragt und darüber zu sprechen angefangen haben. Wenn wir uns als Söhne schweigender Väter erleben, ist es wichtig, dass wir unsere Geschichte mit unseren Vätern und die Geschichte unserer Väter nachvollziehen und sie zu verstehen suchen. Ich zitiere noch einmal Peter Härtling: Sein Vater war in einem russi-

schen Gefangenenlager gestorben, nachdem er von der vor den Russen flüchtenden Familie getrennt worden war. Am Ende seines Buches schreibt Härtling:

»Ich bin dort gewesen, Vater. Ich habe aus dem Fenster der Baracke geschaut, in der du krank gelegen hast. Ich habe auf ein schwarzes, von Granaten aufgewühltes Land gesehen, eingefasst von Wäldern. Es war 25 Jahre später. Wieder wohnen Soldaten in den Baracken, wieder üben sie für irgendeinen Ernstfall, Soldaten des österreichischen Bundesheeres. Ich habe dir nachgehen, dich finden wollen. Aber als man mich nach dir fragte, konnte ich nicht antworten. Ich sah, was du zuletzt gesehen hast, aber es half mir nicht, dass ich deinen Blick wiederholte. Ich musste weiter zurück, wieder die Hand im Nacken spüren, wieder von deinem Schweigen gedrückt werden, ich musste aufhören, mich zu wehren, und die Spuren lesen, die du mir hinterlassen hast. Ich fange an, dich zu lieben. Ich bin älter als du. Ich rede mit meinen Kindern, wie du nicht mit mir geredet hast, nicht reden konntest. Nun, da ich die Zeit verbrauche, die dir genommen wurde, lerne ich, dich zu verstehen.«[6]

Hier wird deutlich – und das durchzieht in ergreifender Weise sein ganzes Buch –, wie Peter Härtling sich selbst als Kind verstehen lernt, mit sich selbst als kleiner Junge tiefes Mitgefühl bekommt. Dabei beginnt er auch den Vater in seinen Zusammenhängen und mit seinem Schicksal zu sehen. Der Effekt ist, dass die Liebe in ihm wieder wach wird, die er ihm nun in seinem Buch auf so eindrucksvolle Weise »nachträgt«. Wenn wir uns selber als Kinder unserer Väter tiefer verstehen lernen, in Kontakt kommen mit unserer Geschichte und dem, was wir erlebt haben, dann lernen wir auch die Seiten in uns kennen, die immer noch in tiefer Liebe mit unseren Vätern verbunden sind. Und dann wird es möglich, dass wir den Vater auf eine neue Weise sehen lernen, so dass eine neue, liebevollere Verbindung zu ihm entsteht. Wir durchbrechen das Schweigen, indem wir gleichsam – jetzt als erwachsene Söhne – mit unseren Vätern von uns aus zu sprechen beginnen. Das ganze Buch Härtlings ist ein solcher »posthumer« Dialog, den er nach so vielen Jahren mit seinem Vater aufnimmt, ein Dialog, der ihn innerlich heilt und eine neue Verbindung zum Vater herstellt. Wem sich in diesem Sinne dem schweigenden Vater gegenüber die Zunge löst, der ist auf dem sichersten Weg, dieses Schweigen nicht an die eigenen Söhne weiterzugeben.

2. Das ist vor allem ein innerpsychischer, ein mentaler Weg. Er kann aber dadurch sehr unterstützt werden, dass es auch zu einer tatsächlichen Annäherung an den Vater kommt, sofern er noch am Leben ist. Ich möchte dazu ermutigen, den Versuch zu wagen, mit dem schweigenden Vater auch tatsächlich das Gespräch zu suchen. Jetzt, wo ich erwachsen bin, ist eine andere Situation als damals. Der Junge in mir spürt zwar immer noch die Angst, gegen die Mauer von damals anzugehen, aber der erwachsene Mann in mir heute ist imstande dazu. Häufig hat sich ja im Vater auch ein Prozess vollzogen, häufig sehnt er sich danach, jetzt im Alter wenigstens noch einen Zugang zu seinem Sohn zu finden. Wenn wir diese Chance nutzen und neu auf ihn zugehen, nicht anklagend, sondern vielleicht mit der neugierigen Frage »wie es damals war«, dann öffnet sich manchmal ein ganz unerwarteter neuer Zugang, und das, was früher nicht sein konnte, erfüllt sich im Heute. Nicht zuletzt unsere eigenen Söhne werden davon profitieren.

Dafür ein kleines Beispiel: Einem erwachsenen Sohn, der so wie beschrieben noch immer unter dem schweigenden Vater litt, gab ich in der Therapie den Auftrag, bei nächster Gelegenheit mit dem Vater allein, in Abwesenheit der Mutter, das Gespräch zu suchen. Er erzählte: »Ich rief meinen Vater an, er nahm ab, und als er merkte, dass ich es war, sagte er wie gewohnt sofort: ›Warte, ich hol die Mama.‹ Ich schaffte es gerade noch, ihn am Telefon zu halten, und als ich ihn zu einem Spaziergang einlud, meinte er: ›Das wird wohl nicht gehen, die Mama ist gerade schlecht zu Fuß.‹ Darauf nahm ich meine ganze Kraft zusammen und sagte: ›Das macht nichts, ich möchte ja mit dir spazieren gehen!‹ Das war sehr ungewohnt für ihn, und zögernd, ja ein wenig misstrauisch stimmte er zu. Wir beide gingen also spazieren, ich kann mich nicht erinnern, dass wir das je allein gemacht hatten.« Mein Klient war in der Wahl seines Themas sehr klug. Er und seine Frau hatten gerade selber ihr erstes Kind bekommen, und dies nahm er zum Einstieg: »Ich habe festgestellt, dass ich gar nichts weiß über dich und über die Familie aus der Zeit, wo wir Kinder noch ganz klein waren. Weil ich jetzt selber in dieser Situation bin, würde mich sehr interessieren, wie ihr damals eigentlich gelebt habt, was euch beschäftigt hat, und: Wie war das für dich, als ihr euer erstes Kind gekriegt habt?« Der Vater fühlte sich durch diese Fragen nicht angegriffen. Er war im Gegenteil gerührt über das Interesse seines Sohnes, und langsam und stockend begann er zu erzählen. Das war der Einstieg für ein ganz neues Verhältnis zwischen den beiden.

Natürlich ist es für alle Beteiligten besonders befriedigend und befreiend, wenn es auf diesem Weg möglich wird, in der gegenwärtigen Familiensituation eine tatsächliche Veränderung herbeizuführen und den Bann des Schweigens zwischen Vater und Sohn zu brechen. Aber wie gesagt: Auch wenn es von Person zu Person nicht mehr möglich ist, kann das Verhältnis des erwachsenen Sohnes zum Vater innerlich »in Ordnung gebracht« werden, weil wir durch das Nachvollziehen unserer Geschichte und der unserer Väter neue Zugänge finden, die in uns verändern, was äußerlich nicht mehr geändert werden kann.

3. Um die Mauer des Schweigens zu durchbrechen, ist die Beschäftigung mit der eigenen Geschichte und der Geschichte unserer Väter und das Reden darüber sicher das Wichtigste. Ich möchte aber noch hinzufügen, was der Überwindung unseres eigenen Schweigens außerdem noch sehr förderlich sein kann: zu lernen, selber liebevolle Kontakte zu Männern aufzubauen. Ich erlebe oft, dass Söhne, die sich von ihren Vätern nicht akzeptiert gefühlt haben, als einsame Gesellen durchs Leben gehen und wenig Möglichkeiten haben, sich auf andere Männer zu beziehen. Oft sind ihre einzigen Bezugspersonen ihre Frauen, und wenn es da nicht mehr klappt, stehen sie ganz allein. Um die psychische Vaterlosigkeit zu überwinden, können liebevolle Kontakte zu anderen Männern sehr hilfreich sein. Mit anderen Männern, die wir bewusst in ihrer Väterlichkeit uns gegenüber in Anspruch nehmen, können wir ein Stück Vaterbeziehung nachholen, auch wenn wir diese Art von Beziehung zu unserem eigenen Vater nie hatten. Dies braucht allerdings den Mut, die Art von Kontakt, die sich oft zwischen Männern eingespielt hat – entweder rein sachbezogen, oder Konkurrenzgeplänkel, oder oberflächliches Geblödel –, zu überwinden und in persönlichere Bereiche vorzustoßen.

4. Damit wir das Schweigen der Väter selber als Väter nicht fortsetzen, braucht es neben und außer aller Beschäftigung mit unserer Geschichte und derjenigen unserer Väter vor allem aber noch eines: das schlichte Tun. Dass wir Hemmungen und Gewohnheiten überwinden und uns, auch wenn uns das nicht leicht fällt, immer wieder aufraffen, bewusst auf unsere Söhne zuzugehen. An unserer eigenen Geschichte können wir es ablesen: Was wir als Söhne von unseren Vätern gebraucht hätten, das brauchen auch unsere Söhne von uns. Unsere Geschichte bestimmt uns nicht so in unserem Verhalten, dass wir dasselbe, was uns geschehen ist, mit unseren Söhnen wiederholen »müssen«. Wir können auch anders, wenn wir mit klarem Bewusstsein und Entschluss daran gehen. Immer wieder einmal ein freundliches Wort, ein Lob und eine Anerkennung, oder auch eine Situation herbeiführen, in der wir allein mit dem Sohn zusammen sind, um ins Gespräch zu kommen oder einfach in vertrauter Nähe etwas miteinander zu tun: Das sind alles Wege, die dem negativen Schweigen entgegenwirken. Dazu braucht es Wachheit und Aufmerksamkeit, vor allem dann, wenn wir in der eigenen Kindheit keine positiven Modelle dafür hatten. Möglicherweise werden wir dabei noch eine wichtige Erfahrung machen: Wenn wir in dieser Weise bewusst mit unseren Söhnen so umgehen, wie mit uns nicht umgegangen worden ist, so, wie wir uns gewünscht hätten, dass es unsere Väter mit uns gemacht hätten, wird uns manchmal eine leise Trauer anwehen. Wir werden den Schmerz spüren, das, was wir jetzt weitergeben, selber nicht bekommen zu haben. Aber es wird, wenn wir dabei Gebende bleiben, ein Schmerz ohne Anklage sein, ein Schmerz, der uns selbst rückwirkend mit unseren Vätern versöhnt und sie in gewissem Sinn »erlöst«: Indem es uns gelingt, uns anders zu verhalten, brin-

gen wir gleichsam das zum Leben, was sie wahrscheinlich auch wollten, aber aus ihrer Begrenztheit und aus ihrem Schicksal heraus nicht zustande gebracht haben.

[1] *Peter Härtling: Nachgetragene Liebe, in: ders., Werke Bd. 7 © 1997 by Verlag Kiepenheuer & Witsch, Köln*

[2] *Ebenda*

[3] *Ebenda*

[4] *Guy Corneau: Abwesende Väter – Verlorene Söhne. Die Suche nach der männlichen Identität. © 1993 Walter-Verlag, Seite 20f.*

[5] *Hans Jellouschek: Mit dem Beruf verheiratet. Von der Kunst, ein erfolgreicher Mann, Familienvater und Liebhaber zu sein, Kreuz Verlag 1997*

[6] *Härtling*

☐ **Bitte informieren Sie mich regelmäßig über die Bücher aus dem KREUZ Verlag. Folgende Themen interessieren mich besonders:**

01 ☐ Religion und Spiritualität
02 ☐ Psychologie und Lebenshilfe
03 ☐ Tod und Sterben
04 ☐ Märchen, Mythen, Symbole
05 ☐ Frauenthemen
06 ☐ Bücher zum Verschenken
07 ☐ Die Bücher aus der Edition Schaffer
08 ☐ Gesamtprogramm/Neuerscheinungen
09 ☐ Medizin und Gesundheit
10 ☐ Ratgeber   11 ☐ Musik
12 ☐ Eltern, Kind, Familie
13 ☐ Elektronische Publikationen (CD-ROM)
14 ☐ Kinder- und Jugendbücher

00 ☐ Bitte informieren Sie mich auch über die religiösen Zeitschriften aus dem KREUZ Verlag

Vorname/Name oder Institution

Straße, Nr.

PLZ/Wohnort

Beruf

Antwort

**Kreuz Verlag
– Leserservice –
Postfach 80 06 69**

D-70506 Stuttgart

Bitte
freimachen.
Danke.

Liebe Leserin, lieber Leser,

wir informieren Sie gerne über weitere Bücher und die Zeitschriften aus dem Kreuz Verlag. Schicken Sie einfach diese Karte ausgefüllt zurück. Übrigens: Wenn Sie gerade Zeit und Lust haben, beantworten Sie doch die nebenstehenden Fragen. Ihre Antworten würden uns helfen, unsere Arbeit effektiver zu machen und noch besser auf die Wünsche unserer Leserinnen und Leser abzustimmen.
Herzlichen Dank!
Es grüßt Sie

Ihr
Kreuz Verlag

Dr. Jürgen A. Bach
Geschäftsführer

Hier meine Antworten

Diese Karte entnahm ich dem Buch

Haben Sie dieses Buch
❑ gekauft ❑ geschenkt bekommen?

Wurden Sie auf dieses Buch aufmerksam durch
❑ Ihren Buchhändler ❑ Empfehlung
❑ Werbung; Besprechung in ❑ Funk ❑ TV
❑ Zeitung/Zeitschrift

Wie hat Ihnen dieses Buch gefallen?
❑ sehr gut ❑ geht so ❑ gar nicht

Kannten Sie den KREUZ Verlag bereits?
❑ ja ❑ nein

Welche Themen interessieren Sie?
❑ Familie, Eltern, Kinder ❑ Selbsterfahrung, Therapie ❑ Bibel und Gemeinde
❑ Postkarten, Poster, Bildbände
❑ Kinder- und Jugendbücher ❑ Umwelt, Natur
❑ Politik, Alltag ❑ Populäre Wissenschaft
❑ Kulturelle Themen

Wo kaufen Sie Ihre Bücher?
❑ Bei meinem Buchhändler ❑ Bahnhofsbuchhandel ❑ Versandbuchhandel ❑ Kaufhaus
❑ per Internet

Wie viele Bücher kaufen Sie ungefähr pro Jahr?
❑ 1 bis 2 ❑ ca. fünf ❑ ca. zehn ❑ mehr

Interessieren Sie sich für Musik? ❑ ja ❑ nein
Interessieren Sie sich für Multimedia-Produkte? ❑ ja ❑ nein

Verraten Sie uns Ihr Alter? _____ Jahre.

Trotzdem Vater sein

Getrennt lebende Väter

Hans Jellouschek
und Bernd Leibig

Ungefähr 35 Prozent der Ehen werden in Deutschland derzeit wieder geschieden, die meisten davon nach etwa vierjähriger Dauer. Wenn Kinder da sind, bleiben sie in der großen Mehrzahl bei den Müttern. So gibt es zur Zeit hierzulande Zehntausende von Vätern, die getrennt von ihren Kindern leben. Beratungsstellen, Familienbildungsstätten, kirchliche Erwachsenenbildung und Frauenorganisationen kümmern sich um die »Alleinerziehenden« oder um die nun entstandenen sogenannten »Ein-Eltern-Familien« – in der großen Mehrzahl also um die Frauen und ihre Kinder. Das ist gut und wichtig, denn diese Unterstützung wird dringend gebraucht – in vielfältiger Hinsicht: materiell, pädagogisch und psychologisch. Kümmert man sich auch um die getrennt lebenden Väter? Die scheinen es nicht zu brauchen. Sie suchen selten Hilfe. Häufig haben sie sich rasch neu verliebt, und oft sind sie spurlos verschwunden. Sehr viele zahlen nicht, obwohl sie finanziell in der Regel besser gestellt sind, und wenn sie sich rühren, streiten sie um Geld und Besitz ... Leider verhält es sich oft tatsächlich so, und als Mann hat man allen Anlass, sich dessen zu schämen, was man in dieser Hinsicht von seinen Geschlechtsgenossen so erfährt. Aber stimmt das Bild in dieser Verallgemeinerung? Versteckt sich darin nicht doch das Klischee von dem bösen Täter-Mann und der armen Opfer-Frau?

97

Tatsächlich gibt es immer mehr Männer, denen es ganz anders ergeht und die sich auch ganz anders verhalten. Für viele ist die Trennung von den Kindern, die ja nicht gewollt, sondern in Kauf genommen wurde, der größte Schmerz, den sie bisher erlebt haben. Sie leiden manchmal Jahre und Jahrzehnte darunter. Selbst wenn nach der Trennung vieles wieder gut geworden und in neue Bahnen gekommen ist, bleibt häufig diese schmerzende Wunde. Aber Männer bringen das selten zum Ausdruck und lassen es oft nicht einmal sich selbst spüren. So bleiben sie mit ihren unterdrückten Schmerzen allein und finden niemanden, der ihnen hilft.

Wir, mein Kollege und Freund Bernd Leibig und ich, Hans Jellouschek, gehören selber zu dieser Gruppe der getrennt lebenden Väter und haben die Schmerzen der Trennung von unseren Kindern am eigenen Leib erfahren. Freilich stand uns durch unsere Profession mehr Hilfe zur Verfügung als den meisten unserer Schicksalsgenossen, und wir haben auch mit Klienten einige Erfahrungen darüber gemacht, was Männer in dieser Situation an Unterstützung brauchen. Aus unserem jeweiligen beruflichen Hintergrund – wir arbeiten nach unterschiedlichen therapeutischen Ansätzen – möchten wir im Folgenden einige Hinweise für Betroffene geben. Ich – Hans Jellouschek – wähle dafür den Weg, in sechs kommentierten Thesen meine Erfahrungen aus der Paar- und Familientherapie zusammenzufassen, Bernd Leibig greift im Anschluss daran mehrere zentrale Stichworte auf, um sie aus tiefenpsychologischer Sicht zu vertiefen.

1. Teil:
Familientherapeutische Gesichtspunkte

Hans Jellouschek

1. These

Für ein gutes Heranwachsen der Kinder ist es wichtig, dass sie Kontakt zu beiden Eltern – Mutter und Vater – haben, auch wenn die beiden getrennt leben und als Paar voneinander geschieden sind.

Was die Bewertung von Scheidungen hinsichtlich ihrer Auswirkungen auf die Kinder angeht, können wir heute zwei Extreme feststellen: Das eine Extrem ist die konservative Einstellung, die man mit dem Satz charakterisieren kann: »Für die Kinder ist es immer am allerschlimmsten.« Dies ist sicherlich Panikmache und bewirkt lediglich, dass die beteiligten Eltern sich mit sinnlosen Schuldgefühlen quälen. Ins andere Extrem tendiert die heute als Gegenreaktion feststellbare »progressive« Tendenz zur »Normalisierung« der Scheidung und ihrer Folgen. »Ein-Eltern-Familien«, die de facto meist »Mutter-Familien« sind, werden den Normalfamilien gegenüber als gleichwertig angesehen, und das heißt, dass die Anwesenheit oder Nicht-Anwesenheit eines Vaters als nicht entscheidend erachtet wird. Weiter wird die »soziale« Elternschaft oft als wichtiger angesehen als die leibliche, und das heißt wiederum, dass der Stiefvater, der zu einer »Ein-Eltern-Familie« hinzustößt, für die Entwicklung der Kinder als mindestens gleich wichtig, unter Umständen als wichtiger eingeschätzt wird als der leibliche Vater.

Meine persönliche Erfahrung mit meiner Scheidung und mit meinen inzwischen erwachsenen Kindern ist anders, und sie hat sich in vielfältiger Weise in meiner therapeutischen Arbeit bestätigt: Für ein gutes Aufwachsen ist der Kontakt des Kindes zu beiden leiblichen Eltern wichtig, und: Eine Scheidung muss diesen Kontakt keineswegs unmöglich machen. Es kommt darauf an, wie die Eltern sich dabei verhalten. Der Mann hört nicht auf, Vater zu sein, auch wenn er sich von der Frau getrennt hat. Es ist deshalb wesentlich, dass er sein Vater-Sein den Kindern gegenüber praktisch wahrnimmt und dass ihm dieses Vater-Sein von seiner geschiedenen Frau auch ermöglicht wird.

Stiefväter können für Kinder sehr wichtig sein, und viele machen ihre Sache auch wirklich gut. Aber sie können uns leibliche Väter nicht ersetzen. Kinder brauchen den Kontakt zu ihren leiblichen Wurzeln, auch zu ihren männlichen. Das erfahre ich immer wieder eindrücklich in der Therapie mit Erwachsenen, die auf ihre Kindheit zurückschauen. Es ist für sie ein furchtbares Leid, wenn sie ihre leiblichen Väter nicht konkret erfahren durften, obwohl diese in der Zeit ihres Aufwachsens gelebt haben und durchaus in der Lage gewesen wären, mit ihnen Kontakt zu halten. Im eigenen Vater erlebt der Junge seine männlichen Wurzeln und damit die Quelle seiner männlichen Identität. Und das Mädchen erlebt im Vater das erste männliche Gegenüber zu seiner Weiblichkeit und dieses Weibliche in seinem Anders-Sein in der Anerkennung des Vaters als wertvoll und anziehend. Dies sind Erfahrungen, die tiefer reichen als psychologische Modell- oder Vorbild-Funktionen, die natürlich auch von Stiefvätern und anderen wichtigen männlichen Bezugspersonen wahrgenommen werden können.

Wenn wir Väter uns trennen, ist das Wichtigste, was wir für unsere Kinder tun können, damit die Trennung gut bewältigt werden kann, dass wir und die Ex-Partnerin dafür sorgen, dass sie regelmäßigen Kontakt zu uns halten können.

2. These

Wenn der Mann sich von seiner Frau getrennt hat, kann er sich und seinen Kindern den Schmerz und die Nachteile der Trennung nicht ersparen. Manche Väter versuchen, die Tatsache der Trennung gleichsam ungeschehen zu machen, indem sie sich emotional und im Handeln überengagieren. Andere Väter versuchen die Tatsache der Trennung dadurch ungeschehen zu machen, dass sie als Väter von der Bildfläche verschwinden. Mit beidem quälen sie sich und die Kinder.

Trennungen sind immer mit Verlusten verbunden. Auch derjenige, der eine Trennung aktiv betrieben hat, erleidet Verluste. Damit sind Schmerzen verbunden, die ich erleide und die ich anderen zufüge. Das lässt sich nicht vermeiden. Je klarer ich mir darüber bin, dass ich mir, der Partnerin und den Kindern durch eine Trennung (auch) Schmerzen zufüge, desto eher sind diese Schmerzen in positive Kräfte verwandelbar. Ich komme bei einer Trennung nicht darum herum, schuldig zu werden. Es ist überhaupt eine Illusion zu meinen, man käme schuldlos durchs Leben. Wenn ich in einer kaputten Ehe verharre, werde ich genau so schuldig. Aus diesem Dilemma komme ich bei einer Trennung nicht heraus. In besonderem Maß gilt das den Kindern gegenüber: Auch wenn die Trennung von meinem Standpunkt aus noch so verständlich, ja notwendig ist, ihnen gegenüber werde ich schuldig, weil ich ihnen etwas nehme, was »an sich« gut und wichtig für sie gewesen wäre, nämlich die »vollständige« Familie. Es ist wichtig und heilsam, zu dieser Schuld zu stehen, sie auf sich zu nehmen, anstatt sich herauszureden, sich zu »entschuldigen« und dabei doch heimlich mit Schuldgefühlen zu quälen. Schuldgefühle bringen niemandem etwas, sie schaden nur, weil sie offene, herzliche Beziehungen unmöglich machen.

Das Nicht-Anerkennen des Verlustes und das Nicht-Anerkennen der Schuld sind die Hauptursache dafür, dass Väter entweder von der Bildfläche verschwinden oder, im Gegenteil, sich übertriebene Sorgen machen und sich übertrieben für ihre Kinder engagieren. Dass das »Verschwinden« der Väter meist mit der Illusion des »totalen Neuanfangs« gekoppelt, aber keine Bewältigung von Verlust und Schuld ist, liegt auf der Hand. Ihnen dies deutlich zu machen, sollte mit allen, auch juristischen Mitteln versucht werden.

Nicht so deutlich ist es beim manchmal feststellbaren Überengagement getrennter Väter. Ein solches Überengagement äußert sich zum Beispiel in dem ständigen Drängen des getrennten Vaters, mit den Kindern Kontakt zu haben, obwohl das vielleicht mit unzumutbarer Fahrerei über große Entfernungen hin verbunden ist oder – durch die Häufigkeit – große Unruhe ins Leben der Kinder bringt. Oder es äußert sich in übertrieben häufigen Telefonaten, die den Kindern unangenehm sind, so dass sie von sich aus gar nicht mehr anrufen, was wiederum die Väter zu noch häufigerem Telefonieren veranlasst. Auch die Einmischung in tausend Alltagsdinge der Erziehung kann ein Zeichen solchen Überengagements sein.

Mit solchen Verhaltensweisen wollen Väter häufig die Tatsache der Trennung – vorgeblich für die Kinder, aber in Wirklichkeit für sich selbst – möglichst ungeschehen machen. De facto wird aber nur erreicht, dass die mit den Kindern lebende Ex-Frau ärgerlich wird und sich restriktiv zu verhalten beginnt, um die lästigen Einmischungen zu reduzieren, und oft geschieht es auch, dass die Kinder selbst gegen solches Überengagement Widerstände entwickeln. Sie spüren genau, dass es bei diesem Übereifer nicht um sie geht, sondern eigentlich um mich selbst, den Vater: Es geht um meine Verlustgefühle und um meine Schuldgefühle, und sie, die Kinder, sollen dazu herhalten, sie mir zu nehmen. Dagegen wehren sie sich mit Recht.

Mir hat es geholfen, wenn ich den Impuls verspürte, meine Kinder anzurufen, einen Augenblick innezuhalten und mich zu fragen: Warum will ich jetzt wirklich anrufen? Was ist meine wahre Motivation? Oft habe ich den Anruf dann unterlassen, weil ich gemerkt habe, wie bedrängend ich für die Kinder werde und dass es dabei eigentlich um mich und nicht um sie geht.

3. These

Getrennte Paare bleiben Eltern für ihre Kinder. Darum ist es nötig, dass sie eine gute Kooperation miteinander hinsichtlich der Kinder entwickeln. Dies ist wichtiger als ein formaljuristisch festgelegtes gemeinsames Sorgerecht, denn Kooperation kann nicht juristisch verordnet oder erzwungen werden. Sie funktioniert dann am besten, wenn es den ehemaligen Partnern gelingt, sich gegenseitig als Vater und Mutter der Kinder zu achten. Dann bewahren sie die Kinder vor Loyalitätskonflikten.

Väter und Mütter, die sich trennen, müssen lernen, die Paar-Ebene und die Eltern-Ebene voneinander zu unterscheiden. Ich kann aufhören, Partner dieser Frau zu sein. Ich höre niemals auf, Vater dieser Kinder zu sein, und deshalb habe ich mit der Ex-Frau, die ja die Mutter ist, weiter zu tun. Es ist freilich schwer, ein gutes Eltern-Gespann zu sein nach einer Trennung. Die Kränkung kann so groß sein, dass ich diese ganze bittere Geschichte am liebsten auslöschen möchte. Verletzung, Enttäuschung und – daraus erwachsend – Wut und Hass heften sich an die Fersen des anderen – und mit ihm soll man gut kooperieren? Ja, das ist die schwierige, aber durchaus nicht unmögliche Zumutung. Mir und ihr, meiner Ex-Frau, ist zugemutet, die Vernunft stärker sein zu lassen als die Gefühle und das Handeln nicht von durchaus verständlichen Rache-Impulsen steuern zu lassen, sondern von der Einsicht in das, was die Kinder brauchen. Es kann sein, dass das einige Zeit nur mit zusammengebissenen Zähnen und sehr viel Selbstkontrolle möglich ist. Aber diese Selbstbeherrschung sollten beide Eltern im Interesse ihrer Kinder aufbringen.

Freilich wird es auf die Dauer nur klappen, wenn ich als Ex-Partner allmählich auch meine innere Einstellung zur Partnerin zu ändern beginne. Wir müssen den Hass überwinden und Frieden schließen. Dazu braucht man sich nicht gleich wieder zu lieben. Aber nötig ist ein gutes Maß an Achtung voreinander. Das kann harte Arbeit bedeuten. Es ist einfacher, die Frau abzuwerten. Man kann ihr dann alles in die Schuhe schieben und ist selber fein raus. Die Einsicht in den eigenen Anteil an der Trennung, die Anerkennung des Ausmaßes, in dem auch ich der Partnerin nicht gerecht geworden bin – das sind erste wichtige Schritte für einen achtungsvolleren

Umgang miteinander. Wenn es mir dann noch gelingt, die Ex-Frau – aus ihrer Geschichte, ihrer Veranlagung, ihrer Situation heraus – als Person ein Stück weit auch zu verstehen, wenn ich in mir wieder wach werden lasse, dass wir zwei uns sogar einmal geliebt haben und dass aus dieser Liebe dieses Kind / diese Kinder entstanden sind, dann wird Achtung ihr gegenüber noch stärker möglich. »Ich würdige und achte dich als Mutter/ als Vater unserer gemeinsamen Kinder« – wenn mir und meiner Ex-Frau dieser Satz von den Lippen zu gehen beginnt, dann werden wir Frieden miteinander haben, und dann werden wir auch die nötige Kooperation hinsichtlich der Kinder zustande bringen.

Wenn Kinder merken, dass Vater und Mutter trotz der Trennung gut kooperieren, dann lässt sich eine Trennung für sie am ehesten verschmerzen. Sie merken dann, dass die Eltern-Achse trotz allem nicht zerbrochen ist. Das gibt ihnen Halt. Und vor allem: Das ist die beste Voraussetzung, dass sie sich nicht zwischen die Fronten geraten fühlen. Kinder lieben beide Eltern. Darum kommen sie bei weiter bestehendem Zwist in furchtbare Loyalitätskonflikte: Das ist es, was ihnen schadet, nicht eine Trennung als solche!

4. These

Kinder werden in Trennungssituationen von den Eltern häufig für die eigenen Interessen benützt und damit funktionalisiert. Darum sollten sich getrennte Väter immer kritisch befragen: Was von meinem Verhalten ist wirklich im Interesse der Kinder, und was aus dem eigenen Bedürfnis, Unerledigtes der Trennung zu erledigen?

Ich nenne einige typische und häufige Beispiele, wie Kinder aufgrund unbewältigter Trennung der Eltern »funktionalisiert« werden:

a) Es gibt Väter, die leiden furchtbar mit ihrem Kind (und aus diesem Leiden heraus werden sie überengagiert, überaktiv, mischen sich zu viel ein usw.). Dieses Leiden hat zuweilen spürbar etwas Irrationales, nicht Nachvollziehbares. Der Grund: Es geht dabei gar nicht um das Kind. Ihr eigenes »inneres Kind« leidet furchtbar unter der Trennung, und das projizieren sie nach außen, auf das »reale« Kind. Sie sehen ihr eigenes Leiden im Kind verkörpert und »überidentifizieren« sich deshalb mit diesem. Daraus können leicht Verwöhnungsreaktionen erwachsen, die dem Kind nicht gut tun.

b) Der Mechanismus der Projektion und Überidentifikation ist auch noch in einer anderen Situation zu beobachten – häufiger bei den Müttern der Kinder: Sie lassen die Kinder nicht mehr zum Vater, wenn dieser wieder eine Partnerin hat. Das wollen sie dem Kind nicht zumuten. Angeblich würde das Kind nach einem solchen Wochenende, an dem die neue Partnerin da war, »ganz durcheinander sein«. Ich bin sicher: Durcheinander bringt das die Mutter, als unzumutbar erlebt sie es, weil sie halt noch an dem Ex-Mann hängt. Kinder haben in der Regel solchen Vorgängen gegenüber eine ziemlich unbefangene, auf jeden Fall nicht-moralische Einstellung. Auch hier wird das Kind – und zwar hier für die Mutter – funktionalisiert, es wird ihm etwas »angehängt«, was Sache der Erwachsenen ist und mit ihm nichts zu tun hat.

c) Kinder können von getrennten Eltern auch – in Ver-
kehrung der Realität – selbst zu einer Art Eltern gemacht werden. Damit meine ich – im Blick auf den getrennten Vater: Er heult sich bei ihnen aus, klagt ihnen
sein Leid oder bittet sie sogar um Beurteilung und Rat-
schläge. Große, »vernünftige« Kinder eignen sich besonders dazu, in dieser Weise missbraucht zu werden.
In ihrem späteren Leben zeigt sich dann, dass sie dabei
nie gelernt haben, eigene Bedürfnisse zu spüren und
zum Ausdruck zu bringen (weil sie ja ihre leidenden
Eltern damit nicht auch noch belasten konnten!).

d) Auf diese oder andere Weise werden Kinder zu Bünd-
nispartnern gegen den anderen Elternteil gemacht
oder sogar als Waffe gegen ihn gebraucht. Immer geht
es dabei nicht um das Kind, sondern darum, dass der
betreffende Elternteil die Trennung für sich selber
nicht verarbeitet hat, sich dies nicht eingesteht und
darum das Kind »benützt«, um ein ungestilltes (Ra-
che- oder Trost-)Bedürfnis zu stillen. Dies ist ein Missbrauch der Kinder, auch wenn Sexualität dabei überhaupt keine Rolle spielt! Kinder werden dadurch sich
selbst enteignet und in die schon öfter erwähnten
Loyalitätskonflikte gestürzt. Getrennte Väter und
Mütter sollten sich als obersten Grundsatz nehmen:
Die Trennung ist Sache des Paares. Die Kinder dürfen
da nicht hineingezogen werden!

5. These

*Wichtiger als Er-ziehung ist Be-ziehung. Wichtiger als
häufiger Kontakt des getrennten Vaters ist regelmäßiger
Kontakt. Auch wenn der Vater den Alltag der Kinder*

*nicht mehr im Einzelnen miterlebt, bleibt er, wenn er
den regelmäßigen und qualitativ guten Kontakt zu den
Kindern sicherstellt, für sie trotzdem zentral wichtig als
Rückhalt und Orientierung.*

Die große Angst vieler getrennt lebender Väter ist, dass
sie für ihre Kinder unwichtig werden, zumal wenn da ein
»Neuer« ist, dem gegenüber sie sich vielleicht minder-
wertig fühlen, weil er »der bessere Mann« zu sein scheint.
Ich kenne auch von mir solche Ängste und kann aus
eigener Erfahrung sagen: Die leibliche Vaterschaft ist ein
starkes Band. Wenn Väter sich um den Kontakt zu ihren
Kindern bemühen beziehungsweise davon nicht ausgeschlossen werden, ist die Angst, die Kinder zu »verlieren«, unbegründet. Wir Väter sind dann immer wichtiger
und bedeutsamer als »der Neue«.

Ob eine gute Beziehung des Kindes zum getrennten
Vater entsteht oder nicht, dafür ist nicht die quantitative
Häufigkeit des Kontakts entscheidend, sondern

a) eine konstante Regelmäßigkeit. Auch wenn die zeit-
lichen Abstände relativ groß sind (zum Beispiel mo-
natlich), kann sich die Beziehung zum getrennten Vater gut entwickeln, wenn der Kontakt regelmäßig
erfolgt. Damit wird der Vater für das Kind zu einer
verlässlichen Bezugsperson, mit der es selbstverständlich rechnet.

b) die Qualität des Kontakts. Die entscheidende Frage ist:
Entsteht dabei wirklich Beziehung? Wie das geschieht,
wird bei Mädchen und Jungen recht unterschiedlich
sein. Aber dass es geschieht, ist entscheidend, entschei-
dender als der konkrete Einfluss auf das Alltagsge-
schehen im Leben des Kindes.

Nötig dazu ist, dass der getrennte Vater fähig ist, sich wirklich auf die Bedürfnisse seines Kindes einzulassen. Das ist dann nicht leicht, wenn er allein lebt oder in einer neuen Partnerschaft ohne Kinder. Dann hat er sich auf ein Leben ohne Kinder eingestellt, und er muss sich bei jedem Kinderbesuch auf eine ganz andere Lebensweise umstellen. Dabei ist wiederum auf die Gefahr hinzuweisen, dass man hier auch zu viel des Guten tun kann: Ich beginne am Kinder-Wochenende ganz von mir abzusehen und inszeniere einen Riesenzauber, der das Kind letztlich nur überfordert. Daher kommt die hässliche Rede vom »Sonntagsvater«. Der »Sonntagsvater« hat aber gerade auch die große Chance, sich ganz auf das Kind einzustellen, mehr als er dies früher, da er noch in der Familie lebte, gemacht hat. Das kommt – wenn Übertreibung vermieden wird – dem Kind nur zugute! Am besten funktioniert es, wenn ich als Vater bei der Gestaltung des Wochenendes – mindestens auch – Dinge mit den Kindern tue, die mir selber Spaß machen. Die Chance, dass dann Beziehung entsteht, ist entschieden größer, als wenn ich das Kind am Kinderwochenende bei der Oma abgebe oder mich aber im Gegenteil mit verbissener Miene restlos seinen Vorlieben unterwerfe.

6. These

Wenn Eltern eine »gelungene« Trennung schaffen, muss die Scheidung für die Kinder nicht nur nicht schädlich sein, sie können dadurch auch eine Menge wertvolle Lebenserfahrungen machen und viel für ihr eigenes Leben lernen.

Wann kann man von einer gelungenen Trennung reden?

* Wenn wir, meine Ex-Partnerin und ich, die Situation als neuen Lebensabschnitt – jeder für sich – bejahen und als neue Lebensaufgabe für uns begreifen. Dies ist vor allem dann schwer, wenn ich die Trennung nicht von mir aus wollte, wenn sie mir von ihr aufgezwungen wurde. Aber auch dann kann ich lernen, die positiven Seiten der neuen Situation zu sehen und zu nutzen, auch dann kann ich die Trennung für mich als eine Chance begreifen.

* Wenn die Mutter den Kontakt der Kinder zum getrennten Vater *will und fördert* und der getrennte Vater diesen Kontakt *wahrnimmt und gestaltet*. Dies funktioniert am konfliktfreiesten dann, wenn beide sich als Mutter und Vater der gemeinsamen Kinder akzeptieren und achten.

* Wenn beide Partner zu einer Versöhnung in dem Sinn gekommen sind, dass sie keine negativen Gefühle mehr gegeneinander hegen. Das heißt nicht mehr, aber auch nicht weniger, als »normale Beziehungen« zueinander herzustellen, die nicht mehr von Missgunst, Hass und Gekränktheit bestimmt sind.

* Wenn es beiden Partnern gelingt, ihrem neuen Leben wieder eine stimmige Form zu geben und Zufriedenheit darin zu finden, so dass die Trennung in der Rückschau zwar als vorübergehende Krise in ihrem Leben erscheint, aber nicht als totaler Zusammenbruch.

Eine so bewältigteTrennung und alles, was damit zusammenhängt, kann für Kinder, auch wenn sie meist schmerzlich bleiben wird, eine wertvolle Lebenserfahrung werden:

a) Denn Kinder aus solchen Ehen lernen, dass Trennungen nicht in Katastrophen enden müssen, sondern dass es sehr wohl ein »Leben nach der Trennung« geben kann. Darin liegt die generelle Botschaft: Auch schwere Lebenskrisen kann man gut bewältigen, es kann für alle etwas Gutes dabei herauskommen, wenn man sich auseinandersetzt und nach Lösungen sucht.

b) Kinder aus getrennten Ehen lernen Flexibilität: Bei der Mutter funktioniert es so, beim Vater anders. Beides sind Möglichkeiten, wie man etwas handhaben kann. Kinder aus solchen Ehen sind weniger auf ein bestimmtes Verhaltensrepertoire festgelegt, sie lernen, dass es immer mindestens zwei Möglichkeiten gibt. Wenn getrennte Eltern sich wegen ihrer unterschiedlichen Auffassungen und Verhaltensweisen den Kindern gegenüber nicht bekämpfen und verfolgen, sondern die Verschiedenheit der »Mutterwelt« und der »Vaterwelt« nebeneinander stehen lassen, dann bringt das die Kinder nicht in Verwirrung und Zwiespalt, sondern nützt ihrer Autonomie und der Herausbildung eigenständigen Handelns.

c) Kinder aus getrennten Ehen gewinnen neue, oft interessante und wertvolle Kontaktpersonen hinzu. Der neue Mann der Mutter, die neue Partnerin des Vaters, deren Kinder und Eltern: das Netz der »Verwandtschaft« vergrößert sich unter Umständen erheblich. Nicht alle werden für die Kinder bedeutsam sein, aber die Auswahl derer, die potentiell wichtige Bezugspersonen für die Kinder sein oder werden können, erweitert sich. Dies ist eine nicht zu unterschätzende Bereicherung des Lebens und stellt außerdem eine Chance dar, dass Kinder an sozialer Kompetenz hinzugewinnen.

2. Teil:
Tiefenpsychologische Gesichtspunkte

BERND LEIBIG

In der Tiefenpsychologie mussten die Väter nach einer Phase der Mutterzentriertheit erst wieder entdeckt werden. Die Mutter war für alles verantwortlich, im Guten wie im Schlechten, von der frühen Prägung aller Begabungen durch die Mutter bis hin zur überfürsorglichen verschlingenden Drachenmutter. Glücklicherweise wurde inzwischen auch in der Theorie diese omnipotente Mutter aus ihrer Gesamtverantwortung entlassen.

Dies hat notwendigerweise und glücklicherweise Konsequenzen für uns als Väter. Wir können und sollen unsere Verantwortung und unseren Einfluss auf die Entwicklung des Kindes wirklich wahrnehmen. Wir brauchen die Bedeutung, die unsere väterliche Beziehung zum Kind hat, nicht zu verleugnen. Dies ist einerseits eine große Chance und birgt gleichzeitig die Möglichkeit großer Schmerzen in sich.

Die Individuation, wie C. G. Jung die Selbstentwicklung unserer Persönlichkeit gerne nennt, kann in dieser Auseinandersetzung mit allen Aspekten unserer Väterlichkeit stattfinden. Das bedeutet aber insbesondere, dass wir uns mit unseren Schattenseiten, die wir doch so gerne verdrängen, konfrontieren müssen. Gerade in Trennungssituationen zeigen wir uns oft gegenüber unserer Partnerin nicht von unserer besten Seite, sind egoistisch, heuchlerisch, brutal bis hin zu körperlichen Auseinandersetzungen. Die Zumutungen an unsere Kinder überschreiten damit ein erträgliches Ausmaß.

Der Archetyp der Trennung

Es scheint mir wichtig, in diesem Zusammenhang einen überpersönlichen Aspekt der Trennung zu betrachten. Trennungen sind notwendig. In vielen Weltentstehungsmythen ist die Trennung von oben und unten, von Himmel und Erde die Voraussetzung dafür, dass die Welt, und das heißt etwas Neues, entstehen kann. Vater und Mutter sind vereint und getrennt von Anfang an. Wir als Väter, wie auch die Mütter, sind getrennt von unseren Kindern von Anfang an. Natürlich kennen die meisten von uns die Gefühle von innigster Verbundenheit zu unserem Kind. Dies ist aber nur die Betonung einer Seite der complexio oppositorum, der grundsätzlichen Gegensätzlichkeit, die allen psychischen Prozessen zu eigen ist. In emotionalen Sonderzuständen von Idealisierung, Verliebtheit wie auch Getrenntheit sind wir einfach nicht in der Lage, das jeweils Andere wahrzunehmen.

Die Trennung hat eine solche Bedeutung in der persönlichen Entwicklung wie auch in der kollektiven Menschheitsgeschichte, dass wir in der Analytischen Psychologie von einem »Archetyp der Trennung« sprechen, von einer grundsätzlichen Konstante der menschlichen Psyche.

Der Wunsch des Kindes, sich in der Familie geborgen, sicher und aufgehoben zu fühlen, ist eine Seite des menschlichen Bedürfnisses, das uns selbstverständlich erscheint und gut nachvollziehbar ist. Sich von den Eltern zu trennen, gilt in unserer Kultur erst im jungen Erwachsenenalter als notwendig. So wird in solchen Einheitsvorstellungen, die bis hin zu Familienideologien gehen können, der Trennungsaspekt der Psyche weit im Hintergrund gehalten.

In Scheidungen und Trennungskrisen setzt sich nun der Archetyp der Trennung erheblich früher durch und fordert sein Recht.

Trennung ist also nichts Schlechtes. Sie ist auch nichts Gutes. Trennungen bestehen einfach und gehören zu unserer Naturausstattung. Damit möchte ich keiner Willkürlichkeit und Beliebigkeit in Trennungsangelegenheiten das Wort reden, im Gegenteil: Erst wenn wir in aller Verantwortung und allen Konsequenzen zu unserer Trennung stehen, haben wir die Möglichkeit, die gesamte Dimension des Trennungsarchetyps zu erfahren und in der eigenen Persönlichkeit zu reifen.

Die unumgängliche Schuld

Viele Menschen gehen mit dem unbewussten Wunsch durch die Welt, unschuldig bleiben zu wollen. Unschuldig bleiben heißt in unserem Zusammenhang, dass Trennungen vermieden werden, wo sie eigentlich schon längst nötig sind. Wie oft hören wir, meist von mütterlicher Seite: Ich trenne mich erst, wenn die Kinder groß sind. Das kann konkret bedeuten, dass jemand ein Viertel seines Lebens in einer stagnierenden Beziehungssituation verharrt wie in einer Sackgasse. So wird man an sich selbst schuldig, an der eigenen Entwicklung und

Entfaltung der Persönlichkeit, an der eigenen Individuation. Wir sollten nicht der Illusion unterliegen, dass die Zurücknahme eigener Bedürfnisse auf längere Zeit ohne Auswirkungen auf unseren Zufriedenheitspegel bleibt. Und dies wirkt sich schnell auf die Kinder aus, die ja eigentlich geschützt werden sollen.

Wenn die Zeit einer Paarbeziehung abgelaufen ist und alle ernsthaften Versuche und Bemühungen für eine weitere gemeinsame Zukunft gescheitert sind, spitzt sich die Frage immer weiter zu, ob man die Schuld auf sich nimmt, den Kindern das Gefühl der Verbindung und Aufgehobenheit in der Familie zu nehmen, oder ob man die Schuld auf sich nimmt, nicht dem Aufruf des eigenen Selbst nach anderer Lebensentfaltung zu folgen. Es geht nur das Eine oder das Andere. Ein Drittes gibt es nicht. An diesem inneren Konflikt droht manchmal das Ich des Einzelnen zu zerbrechen.

Wenn man die Kraft zur Trennung in sich spürt, ist eine klare, väterlich trennende Haltung den Kindern oft dienlicher als ein Hinauszögern des eigentlich Nötigen. Sie vermittelt dem Kind, dass es in manchen Lebenssituationen nötig ist hinauszugehen und nicht zu verharren und zu warten, bis sich ein Sesam-öffne-dich ergibt. Kinder lernen sehr viel in der Identifikation mit den Eltern. Für einen Sohn ist es insbesondere in seiner geschlechtlichen Identitätsbildung wichtig, an seinem Vater zu erleben, dass Männer anders mit der Welt umgehen, als dies die Mutter tut. Dies ist einerseits für das Kind äußerst schmerzlich, andererseits erweitert es frühzeitig den Handlungshorizont des heranwachsenden Sohnes.

Eine Tochter wird sich eher loyal zur Mutter verhalten und sich sehr gekränkt fühlen, dass der Vater ihr nicht seine gesamte Aufmerksamkeit und Zuwendung schenkt. Hier erscheint es wichtig, dass der Vater nicht seinerseits wegen des Rückzugs der Tochter gekränkt reagiert. So schwer es manchmal fällt, muss der Schmerz der Trennung auch über langjährige Loyalitätskrisen der Kinder ausgehalten werden. Gerade wenn der Vater den liebevollen Kontakt zur Tochter aufrecht erhält, kann sie daraus lernen, dass trotz Trennung eine dauerhafte, gute Beziehung im Leben hilft, sich getragen zu fühlen.

Die traumatisierenden Folgen einer Trennung sollen nicht verkleinert oder vernachlässigt werden. Kinder tragen oft schwer an dem Schicksal der Trennung. Es ist aber ebenso notwendig, sich dieses unlösbaren Dilemmas der unvermeidbaren Schuld bewusst zu sein. Wenn wir uns vergegenwärtigen, dass auch psychische Reifungsschritte stattfinden können und Kinder lernen können, dass Trennungen nicht notwendigerweise Katastrophen bedeuten, so helfen wir den Kindern in einer anderen Sichtweise. Es gibt nämlich gar nicht so selten sekundäre, neurotische Verarbeitungen der Trennung, wenn nur das Belastende, die Zumutung, die Schlechtigkeit oder die scheinbare Unverantwortlichkeit des früheren Partners von einem Elternteil in den Vordergrund gestellt wird.

Was ist väterliche Beziehung?

Die Bedeutung des leiblichen Vaters wie auch der leiblichen Mutter ist deshalb so groß, weil darin das archetypische, psychische Phänomen der unbewussten Bindung zum Tragen kommt. Die Bindung stellt den anderen Pol der Trennung dar. Das Fließen des Lebensstromes lässt uns erkennen, dass sich alles in ständiger Trennung und Verbindung und damit Veränderung befindet. Von unserer psychischen Struktur her erleben wir alles in Verbindung. Auch das Getrennteste gehört noch zu unserer Erlebniswelt und bleibt dadurch mit uns verbunden.

Es gibt nicht weiter hinterfragbare Zustände von Zusammengehörigkeit und Stimmigkeit. Dies erleben wir auf erwachsener Ebene in glücklichen Momenten der Paarbeziehung, wenn alles klappt, wenn die unendliche Liebe die Sterne auf die Erde holen möchte. So drücken wir dann unsere All-Verbundenheit aus.

Diese ganz ursprüngliche, archetypische Verbindung wirkt auch in unserer Beziehung zu unseren leiblichen Kindern. Sie kann die Basis sein für größte Glücksgefühle, weil wir uns auch auf unbewusster Ebene sehr mit unseren Kindern verbunden wissen. Sie kann aber auch Anlass sein für unbewusste Identifikationen mit unseren Kindern. Was nehmen wir manchmal nicht alles an Zumutungen durch unsere Kinder hin, wenn sie uns brüskieren, wenn sie unflätig sind, wenn sie sich in aussichtslose Situationen manövriert haben! Die nicht hinterfragbare Verbindung zum Kind fordert uns oft ein Höchstmaß an Verständnis ab.

Diese grundlegende Verbindung zum leiblichen Kind ist es auch, die den Schmerz verursacht, der uns schier zerreißt, wenn die Kinder nach der Trennung bei der Mutter zurückbleiben oder durch Krankheit oder Unfall sterben müssen.

Genau an dieser Stelle geraten die Pole des Archetyps der Trennung und des Archetyps der Verbindung aneinander. Wir meinen es nicht auszuhalten, weil unser Ich sich zu schwach fühlt, diesen unbewussten Kräften standzuhalten. In der Tat erscheint der Versuch, Trennung und Verbindung zu vereinigen, wie die Quadratur des Kreises, die nicht gelingen kann. Aber genau darin liegt letztlich auch die Chance der persönlichen Entwicklung: zu erkennen, dass es eben Quader und Kreise gibt, die nicht in Übereinstimmung zu bringen sind.

Was können wir innerhalb dieser Paradoxie der Unvereinbarkeit von Verbindung und Trennung tun?

Wichtigstes Kriterium für eine gute Bindung für das Kind ist das Erleben von Resonanz. Darauf bezieht sich Hans Jellouschek, wenn er die Qualität der Beziehung vor die Häufigkeit stellt. Bei Säuglingen und Kleinkindern entsteht das Selbst- und Welterleben dadurch, dass ihnen eine Antwort entgegenkommt. Wenn das Kind einen Zusammenhang herstellen kann mit sich selbst als Auslöser der Antwort, so entsteht das Gefühl, etwas bewirkt zu haben, ein Gefühl der eigenen Wirkkraft. Wir sprechen in der Psychologie vom Effektanz-Erleben. Das Kind hört für sich die Botschaft: Wenn ich im Anderen einen Effekt erzeuge, so muss ich selbst doch eine wichtige Bedeutung für ihn und so auch für mich haben.

Wenn wir wirklich präsent und bereit sind und uns auf die Bedürfnisse der Kinder einlassen, erleben sie eine stimmige Resonanz und Effektanz. Auch die Ablehnung von kindlichen Bedürfnissen erzeugt eine Resonanz und Effektanz, wenn sie deutlich und nicht zu rigide zum Ausdruck gebracht wird. Das Kind braucht also nicht Willfährigkeit und Überaktivität, sondern ein Verhalten, in dem wir selbst uns wohl und authentisch fühlen.

Wenn der Sohn aber den Vater fragt: »Papa, magst du mich eigentlich?«, und der brummt ohne aufzuschauen hinter der Zeitung hervor: »Aber das weißt du doch«, ist das Resonanz- und Effektanzbedürfnis des Sohnes aufs Tiefste enttäuscht.

Ein weiterer Faktor einer gelingenden Beziehung ist die Konstanz. Eine gute Bindung kann dann entstehen, wenn wir uns konstant auf das Kind beziehen. Dies muss sich nicht in häufigen Besuchsterminen zeigen, sondern in der Regelmäßigkeit. So schmerzlich es für uns Väter auch ist, müssen wir oft anerkennen, dass unser äußerer Einfluss auf die Kinder hinsichtlich konkreter Erziehungsfragen oder Unterstützung im Alltag oft verschwindend gering ist. Dies ist die Lebensrealität des Kindes. Was wir ihm bieten können ist die emotionale Konstanz der Beziehung.

Es ist aber nicht nur schmerzhaft, sondern auch kränkend, aus dem Lebensalltag des Kindes ausgeschlossen zu sein. Die bewussten und vielleicht zum größeren Teil unbewussten Vorstellungen von unserer Vaterschaft können sich nun nicht mehr verwirklichen. Es kränkt unser Ich, dass wir selbst nun nicht mehr den Einfluss auf das Kind haben, den wir uns vorgestellt haben. In wie vielen Belangen meinen wir, es natürlich besser machen zu können als die Mutter oder der Stiefvater? Solche Gefühle der Kränkung weisen darauf hin, dass das Kind ein verlängerter Arm unseres Ichs sein sollte. Das ist aber nicht die Aufgabe von Kindern. Wir müssen als Väter schon unser Wertgefühl aus uns selbst beziehen und nicht daraus, dass wir tolle Väter sind. Es besteht leider nur zu oft ein narzisstischer Missbrauch des Kindes, weil die Kinder das schwache Ich der Eltern kompensieren sollen. Schreibt das Kind die guten Noten aus eigenem Antrieb und Begabung oder weil es unbewusst genau spürt, dass es damit den Eltern gefällt und damit deren Ich aufbläht?

Wenn wir Kränkungen als Anlass zur Selbstreflexion nutzen, können sie in der Tat eine Chance sein, das Kind frei zu lassen, damit es seine eigene, ihm gemäße Entwicklung suchen kann. Für uns Erwachsene ist es die Möglichkeit, uns mit Schattenaspekten unserer Persönlichkeit auseinanderzusetzen und dadurch zu einer persönlichen Reifung zu gelangen.

Verlorener Sohn – verlorene Tochter?

Wenn Kinder aus dem Haus gehen

Markus Krämer

Ich habe es schon immer für maßlos übertrieben gehalten, wenn Eltern im Gespräch erzählten, wie sehr sie unter dem Auszug ihrer erwachsenen Kinder litten und eine Art »Leeres-Nest-Syndrom« entwickelten. Und dann diese Weihnachtsrundbriefe, die als Hauptthema die neuen Erfolge und Leistungen der Kinder schildern, bevor noch kurz auf Hund, Katze oder Pferd und den Ehepartner eingegangen wird! Ich dachte auch: Das ist doch schrecklich, wie die ihr Leben auf das Leben ihrer Kinder gründen. Und – bei aller Liebe – ich habe im Blick auf meine beiden Töchter den Zeitpunkt des Auszugs geradezu positiv erwartet, mich gefreut, dass sie endlich ausziehen.

Gut, das sind zum großen Teil Kleinigkeiten, trotzdem: Das Telefon dauernd blockiert, diese Hektik: »Ich muss schnell los, sag Tine, wenn sie anruft, dass ich um sechs wieder da bin« ... »Ich habe vergessen, ein Buch für Deutsch zu kaufen, kannst du mir das bitte aus der Stadt mitbringen?« Dann die vielen Anrufe am Abend; ich sage am Telefon: »Ich weiß nicht, wann sie wiederkommen, ich warte auch schon, soll ich was bestellen?« Ich muss dringend los, brauche das Auto, ich warte und warte ... »Du kannst dir nicht vorstellen, wie voll die Straßen waren!« Ich fahre los, der Tank total leer. Ungemütlich. Erinnerungen an uralte Wohngemeinschaftszeiten. »O

Papa, dein Jazz, mach doch bitte leiser oder stell ihn aus!«
... »Kannst du mal eben mit dem Hund an die Seite gehen?« »Ja, gleich, ich muss nur eben noch kurz telefonieren.« Dann das Ganze vielleicht noch garniert mit einem
schwelenden Streit zwischen meinen Töchtern, wo die
eine gar nichts mehr sagt und die andere immer lauter
wird und sich aufregt. Sticheleien, perfekt, wie gut beide
ihre Nadelstiche setzen können! Klar, es gibt auch sehr
schöne Szenen, interessante Gespräche und Debatten
beim Essen, am Sonntag gemeinsam kochen, essen gehen
oder, ganz selten, alte Spiele wie Mah-Jong oder Risiko
spielen. Dann der Freund, die ersten gemeinsamen Über-
nachtungen bei uns oder seinen Eltern. Das ist o.k., aber
es schränkt doch auch die Freiheit und Ungezwungen-
heit im Haus ein Stück ein. Insgesamt: Eine Entwicklung
vom Haus zum Hotel mit den Risiken des Unbehaust-
werdens und der permanenten Dienstleistung. Bei aller
Freude an den Unternehmungen und der selbstbewuss-
ten Freiheit und Experimentierfreude meiner Töchter
dachte ich immer häufiger: »Muss das alles bei uns hier
stattfinden? Und müssen meine Frau und ich das alles
noch so hautnah mitkriegen und miterleben?«

Und dann der Umzug. Ein Höhepunkt im Vaterleben.
Den Truck mieten, die Kisten und Möbel einpacken, im
Diesel-Hochsitz auf der Autobahn, im Radio vielleicht
noch ein alter Eric-Burdon-Song oder was von Led Zep-
pelin, die meine Tochter auch liebt, wunderbar! Jetzt
noch den Laster rückwärts durch die enge Einfahrt ran-
giert, die Sachen in den fünften Stock getragen, der Ikea-
Dreh-Spiegel-Garderobenschrank ist tatsächlich kom-
plett, und der Zusammenbau gelingt sogar, noch ein paar
Dübel in die Wand, und dann der Abschied mit den guten
Wünschen und ein wenig Wehmut und wieder auf der
Autobahn, allein. Ein richtiger Vatertag.

Und jetzt? Ein wunderbar ruhiges Haus, ein Haus, das wieder zur Behausung geworden ist; die Mittagszeit im Liegestuhl auf der Terrasse mit Zeitung und Kaffee, kein Telefon, kein Türklingeln. Zu zweit am Tisch sitzen, noch ganz ungewohnt, Erinnerungen an die Zeit des Zusammenlebens ohne Kinder.

Dann die Erleichterung und die Freude, dass die Kinder den Einstieg in ihr neues Leben und das Studium gut schaffen, sich zurechtfinden, Kontakte finden, ihr Leben in die Hand nehmen, herzliche und liebenswerte Briefe schreiben, anrufen, gern zu Besuch kommen. Herrlich!

Ich bin überzeugt, Kinder machen es ihren Eltern leicht, sie gehen zu lassen.

Jetzt könnte natürlich jemand mit gutem Recht einwenden und sagen: Na ja, für Väter ist der Auszug der Kinder vielleicht wirklich kein zentrales oder gar existenzielles Thema, weil sie auch vorher im Familienleben kaum präsent waren und die Erziehung an ihre Partnerinnen delegiert haben. Für mich trifft das nicht zu, weil ich mein Vatersein meist sehr ernst genommen habe, vor allem auch, weil ich es meist gar nicht besonders »ernst«, sondern häufig lustig und voller Freude und Überraschung fand. Ich vermute auch, dass eher das Gegenteil richtig ist, dass die Väter, die ihr Vaterleben nur ganz wenig gelebt und ausprobiert haben, viel größere Schwierigkeiten mit dem Wegziehen der Kinder haben, weil sie spüren, was sie versäumt haben, weil sie spüren, dass ihre Kinder ihnen aus dem Weg gehen, weil sie sich mit ihrem schlechten Gewissen und den Vorwürfen ihrer Kinder auseinandersetzen müssen.

Vielleicht besteht das Problem ja nur in der Annahme, das Weggehen der Kinder als ein Problem empfinden zu müssen in dem Sinn von: Ein guter Vater muss natürlich unter dem Wegzug der Kinder leiden.

Und ein reales Problem besteht nur dort, wo schon vorher ungelöste Konflikte und Schwierigkeiten zwischen einem Vater und seinen Kindern bestanden haben.

Meine Töchter sind beide in zwei Etappen oder Stationen von zu Hause weggegangen. Die Ältere zog zuerst in eine etwa 200 km entfernte Unistadt, zwei Jahre später ging sie nach Amsterdam. Die Jüngere blieb nach dem Abitur im Rahmen eines sozialen Jahres ein Jahr lang in der Nähe von Kassel und zog dann in einem zweiten Schritt nach Köln. Merkwürdig war, bei jedem Umzug passierte eine kleine oder größere Katastrophe: Die Umhängetasche mit allen Papieren, Karten und Adressen wurde gestohlen, ein anderes Mal ließ sich der fast neue Laster wegen eines defekten Lenkradschlosses nicht mehr bewegen und starten und musste abgeschleppt, alle Umzugssachen mussten mühsam wieder umgeladen werden, ein anderes Mal ging der Haustürschlüssel verloren.

Beim Wechsel nach Amsterdam half ich meiner Tochter, und wir fuhren zusammen mit ihren Sachen nach Holland. Wir hatten einen wunderschönen Sonntagabend in Amsterdam, genossen das Abendessen auf einer Terrasse im Jordan-Viertel, freuten uns beide an der tollen Perspektive, in einer Stadt wie Amsterdam leben und studieren zu können. Aber der nächste Morgen, das riesige Hochhaus-Studentenheim, nicht im Grachtenviertel, sondern weit im Süden der Stadt gelegen, ein 9- Quadratmeter-Zimmer mit Blick auf den Nachbarblock, das Zimmer noch nicht aufgeräumt und sauber gemacht, alles direkt unter der Einflugschneise von Amsterdam-Schiphol. Als dann alles ausgeräumt und durch die langen Flure geschleppt war, war das kleine Zimmer von den Kisten und Koffern so vollgestopft, dass gerade noch die Tür auf- und zuging. Dann das Aufwiedersehen unten an meinem Auto. Ich hätte heulen können, so elend war mir zumute, ich benötigte meine ganze Kraft und Konzentration, um nicht in Tränen auszubrechen; eine Umarmung, ein kurzer Abschied, »Viel Glück!«. Ganz langsam ging während der langen Autofahrt meine Trauer zurück. Viel später sprach ich mit meiner Tochter über die Szene; sie hatte ganz Ähnliches erlebt und empfunden und hatte genau wie ich mit den Tränen gekämpft. Meine Angst, Sorge und Trauer waren damals, sie dort allein zurückzulassen und nichts für sie tun zu können. Die Seite des Vaterseins, zu glauben, immer meinem Kind zur Seite stehen und ihm helfen zu können, wenn es notwendig sein sollte, die war plötzlich infrage gestellt und aufgelöst und stattdessen ein radikales Alleinsein und Voneinander-getrennt-Sein spürbar. Schwer zu sagen, was eigentlich im Vordergrund stand: die reale Sorge, wie meine Tochter die neue Lebenssituation bewältigen kann, oder mein Verlust, und die Frage, wie ich allein zurechtkomme und eine Beziehung zu meiner Tochter finde jenseits von Helfen-Wollen oder Helfen-Können, und was ich entbehre, wenn ich die alte Vaterrolle nicht mehr spielen kann.

Na ja – die Stille im Haus, schön und gut, aber manchmal ist es auch sehr still geworden. Keine Nachricht auf dem Anrufbeantworter, in der Post nur die unvermeidliche Reklame des Bremer Weinhandels, am nächsten Wochenende die große Abschiedsfete alter Freunde, die jetzt schon in den Ruhestand gehen und nach Berlin zurückziehen. Meine Kollegin, einige Jahre älter als ich, geht auch schon in ihren Ruhestand, unsere Praxisgemeinschaft lösen wir auf, und ich arbeite jetzt allein in neuen Praxisräumen. Ist die Zeit gekommen für Hildegard Knefs Song »Von nun an geht's bergab«? Mein Orthopäde würde diese Hypothese sicherlich bestätigen, er kennt mittlerweile nicht nur meinen Namen, sondern klopft mir schon freundschaftlich auf die Schulter, wenn er mich begrüßt. Im Gegensatz zu früher habe ich nicht irgendwann einmal eine Einschränkung, die schnell wieder vorbei ist, sondern jetzt spielen die Beschwerden Hase und Igel mit mir; von der Schulter geht's zum Rücken und von dort wieder ins Bein. Auf dem Magnetfeld liegend oder auf dem Tisch bei der Krankengymnastin (»Fuß hoch! Knie zum Bauch! Bein strecken!«) habe ich viel Zeit zum Nachdenken. Ich mache mich dabei mühsam vertraut mit der Rolle eines Patienten mit einer prä-geriatrischen Symptomatik. Ich schwanke dabei zwischen Selbstironie, Betroffenheit und Erschrecken beim Blick auf mein eigenes beschränktes Haltbarkeitsdatum. Und schon wieder formuliere ich das ironisch: »Haltbarkeitsdatum«! Ich habe offensichtlich noch nicht die richtige Balance gefunden zwischen dem Ernstnehmen meiner Lebenssituation und dem mich Darüber-lustig-Machen. Ich orientiere mich noch ein Stückweit an Woody Allen und seinem: »Ich habe keine Angst vor dem Tod. Ich möchte nur nicht dasein, wenn er kommt.«

Und ich frage mich, ob sich in meinen aktuellen orthopädischen Beschwerden neben dem Prozess des Älterwerdens nicht auch eine Krise und innere Veränderung spiegelt, die mit dem Abschied von meinen Kindern zu tun hat.

Fragen über Fragen. Mir kommt es fast so vor, als sorgten die jüngeren Kinder, die Kinder, die noch zu Hause bei mir leben, wie von selbst dafür, dass die Fragen nach »Tod und Teufel«, die existenziellen Fragen nach den Perspektiven des eigenen Lebens, nicht gestellt werden. Anders formuliert: Ich bin jetzt, auch wenn ich Vater meiner Kinder bleibe und meine Töchter nicht aus meinem Horizont verschwinden, doch auf mich selbst und die Beziehung zu meiner Frau zurückgeworfen. Auch wenn das nicht wirklich ein »Zurückgeworfen-Sein« im wörtlichen Sinn ist, geht doch etwas verloren oder verändert sich, was über eine lange Zeit den Kontext meines Lebens geprägt hat. Dabei ist vermutlich gar nicht entscheidend, ob das Zusammenleben mit den Kindern stärker durch Konflikte, Spannungen und schwierige Herausforderungen oder mehr durch eine gute Atmosphäre und gute gemeinsame Erfahrungen geprägt war. Tom Waits vergleicht das Zusammenleben mit Kindern in einer Familie mit dem Zusammenleben mit einem Alkoholiker:

> »Kinder haben ist so, als ob man mit Alkoholikern zusammenlebt. Es ist immer irgendetwas. Sie haben eine Scheibe eingeschlagen oder den Garten umgegraben oder die Wand mit einer anderen Farbe gestrichen. Aber ich finde das gut. Ich wollte nie zu den ganz schlauen Arschlöchern gehören, die sagen: ›Kinder, diese Arbeit tu' ich mir nicht an.‹ Kinder sind das Beste, was es gibt auf dieser Welt.«[1]

Und wie schwer es ist, sich von einem alkoholkranken Partner zu lösen, ist ja allgemein bekannt.

Den Tag über habe ich mich mit den hier geschilderten Fragen und Problemen beschäftigt, in der darauf folgenden Nacht träume ich folgenden Traum:

Ich bin auf einer Reise, nicht allein, sondern zusammen mit anderen. Ich erhalte die Information, dass der Mann, den wir jetzt auf der Reise treffen werden beziehungsweise besuchen wollen, vor kurzer Zeit einen schweren Verlust in der Familie erlitten hat; im Traum denke ich dabei sofort an einen Todesfall. Der Mensch, der mir diese Information gibt, will damit wohl sagen, dass ich, beziehungsweise wir, den Mann zwar besuchen und mit ihm sprechen können, dass wir aber auf seine spezifische Situation und Belastung Rücksicht nehmen sollten.

Das war der Traum. Bei dem Mann, der diesen Verlust in der Familie erlitten hat, dachte ich sofort an mich. Bin ich der Mann, der das erlebt hat? Möchte der Traum mir nahelegen, das Aus-dem-Haus-Gehen meiner Töchter als einen wirklichen Verlust zu verstehen, einen schweren, einen qualitativen Verlust, der zuerst einmal als solcher gesehen, angenommen, betrauert, bearbeitet und bewältigt werden muss? Ich denke, ich kann die Fragezeichen weglassen und die Fragen bejahen. Das Aus-dem-Haus-Gehen meiner Töchter ist für mich, wenn ich nicht an der Oberfläche haften bleibe, ein wirklicher Verlust und eine qualitative Veränderung, die ich ernstnehmen und im idealen Fall bewältigen, oder die ich bagatellisieren, leugnen oder auf andere Weise von mir wegschieben kann.

Ich möchte an dieser Stelle gerne eine Pause einlegen und eine Zwischenbilanz vornehmen. Zwei Thesen beziehungsweise eine Doppelthese haben sich bis jetzt für mich herauskristallisiert:

Einmal: Der Auszug der erwachsenen Kinder ist für mich als Vater ein stimmiges und durchaus auch positiv erlebtes Ereignis, da eine längst begonnene Entwicklung hier zu einem guten Ende kommt und sich eine Art von Unverträglichkeit im Zusammenleben zweier erwachsener Generationen in einem Haushalt entwickelt hat.

Weiter – und das ist meine zweite These beziehungsweise der zweite Teil der ersten: Der Auszug der Kinder ist für mich als Vater ein emotionaler Verlust und eine qualitative Veränderung, die – wie auch andere vergleichbare, weitreichende Lebensereignisse – Raum und Zeit brauchen für Verarbeitung, Realisierung, Trauer und Bewältigung. Es handelt sich um ein Geschehen, das durchaus vergleichbar ist mit der Geburt des ersten Kindes und nicht nur äußere Anpassung und Veränderung, sondern einen inneren, einen seelischen Veränderungsprozess erfordert.

In der Nacht, in der ich von dem Mann mit dem schweren Verlust träumte, habe ich noch zwei weitere Träume gehabt:

In einem Traum will ich meine Frau und meine Töchter fotografieren. Ich versuche es, aber meine Frau und meine Kinder gehen jeweils aus dem Bild, winken ab oder machen andere Versuche in der Absicht, nicht fotografiert zu werden.

In dem anderen Traum geht es um Liebe: Zwei Personen sagen sich wechselseitig, dass sie sich lieben.

Fotografiert werden beziehungsweise sich dagegen wehren: Ich deute den Traum so, dass es nicht geht oder sein soll, meine Familie zu fotografieren, sie im Bild festzuhalten, sie auf diese Weise festzuhalten. Zugleich geht es ja beim Fotografieren um eine Art, von außen zu schauen; ich bleibe dabei draußen, mache die anderen zum Objekt, statt mit ihnen zu handeln oder zu kommunizieren. Dieser Gesichtspunkt tritt auch in den Vordergrund, wenn ich beide Träume aufeinander beziehe, dann stehen der direkte Dialog und Austausch auf dem einen Pol und das Sich-ein-Bild-Machen, den anderen festlegen, durchs Objektiv sehen und damit zum Objekt machen, auf dem anderen. Bezogen auf die Beziehung zu den erwachsenen Kindern könnte das sagen wollen:

Gut geht es, wenn Liebe im Mittelpunkt steht, eine Liebe, die sich am anderen freut, ihn lässt, wie er ist; und problematisch wird es, wenn ich den anderen in mein Bild einpassen will, wenn er oder sie so sein sollen oder sein müssen, wie ich sie haben will. Meine Kinder lieben hieße dann, mich an ihnen zu freuen und sie wirklich sein lassen zu können, so, wie sie wirklich sind (und sein werden). Das wäre dann die Lösung im doppelten Sinn, eine Art von Lösung voneinander, aber auch eine Lösung im Sinn von »An-ein-Ziel-Kommen«.

Vor einigen Jahren habe ich mit einer Gruppe von Männern im Alter von etwa 35 bis 55 Jahren ein Bibliodrama-Wochenende zur biblischen Geschichte vom verlorenen Sohn geleitet. In der Arbeit mit dem Text hatte ich die Männer gefragt, wie sie denn damals von zu Hause weggegangen sind. In den Spielszenen, die die Männer dazu entwickelten und auf die Bühne brachten, gab es fast nur schwierige, bedrückende und konflikthafte Szenen. Mit der Enttäuschung der Söhne über die entfernten, beschäftigten, für den Sohn nicht präsenten oder gleichgültig erscheinenden Väter korrespondierte ein entsprechendes Verhalten von Vätern. Da gab es Väter, die ihre Söhne einfach rauswarfen, die mit Wut und Zorn reagierten, wenn ihre Vorschläge für die Ausbildung nicht angenommen wurden, und Väter, die ihren Söhnen deutlich ihr Desinteresse und ihre Enttäuschung zeigten. In der gemeinsamen Arbeit mit diesen Szenen wurde deutlich, wie sehr diese Form des Abschieds von zu Hause als schwere Belastung und Hypothek für die Zukunft empfunden und erlebt wurde. Und in dem Ausmaß der Wut und des Zorns der Söhne war sichtbar, wie sehr die Söhne sich einen anderen Abschied mit dem Segen des Vaters gewünscht hatten.

Die geschilderten negativen Erfahrungen der erwachsenen Söhne mit ihren Vätern mögen vielleicht gar nicht überraschen. Bei allen möglichen Ausnahmen und notwendigen Differenzierungen ist es doch für die meisten

Männer, die heute im mittleren Alter sind, typisch, dass sie mit abwesenden, zurückgezogenen, kaum präsenten Minus-Vätern zu tun hatten, Vätern, die ihren Söhnen selten wirklich nah waren oder sich intensiv und offen als Väter mit ihren Söhnen beschäftigt haben. Diese Söhne, die selbst so wenig Vater erlebt haben, sind heute selber Väter. Manche setzen dabei die negative Tradition ihrer eigenen Väter fort, andere wiederum bemühen sich mit Engagement und Überzeugung, ganz andere Väter zu sein, präsente Väter, die für ihre Kinder da sein, ihnen nah und für sie ansprechbar sein wollen. Die eigenen negativen Vatererfahrungen werden hier zum Antrieb und Motiv einer alternativen Vaterschaft. Dies gilt meiner Meinung nach im besonderen Maß für die Männer, die in der Männerszene und Männerbewegung aktiv sind. Aber bei allem Respekt vor diesem Motiv ist hier auch kritisch zu fragen: Geht das denn überhaupt, ein »guter«, präsenter Vater zu sein, wenn ich selbst so wenig Vater und gute Väterlichkeit erlebt habe?

Sam Keen würde diese Frage ganz klar bejahen; er meint, dass gerade in den Defiziten und Verletzungen auch die Rettung liegt. Er schreibt dazu:

»Eine der größten Kraftquellen für eine Veränderung des Bestehenden ist unsere Verletzung und unsere Sehnsucht nach dem fehlenden Vater. Wir können gesunden, wenn wir solche Väter werden, wie wir sie uns gewünscht haben und nicht hatten. Ich rufe dazu auf, gerade aus dem Vakuum, aus dem Nicht-Vorhandensein das Neue zu erschaffen. Bei der Suche nach einem Vorbild für das Elternsein können wir auf der Schattenseite unserer Seele fündig werden. Wenn wir unserer Enttäuschung, Wut, Traurigkeit, unserem einsamen Verlangen nach dem Vater, nach der vertrauten Familie, die wir

131

nicht hatten, nicht länger ausweichen, sondern diese Ge-
fühle zulassen, finden wir etwas wie das Negativ eines
Fotos, das uns als Vorlage für Väterlichkeit dienen kann.
Werde der Vater, den du ersehnt hast! Wir machen uns
selbst gesund, wenn wir unseren Kindern geben, was wir
selbst nicht hatten.«[2]

Gut, das leuchtet mir ein, dass ich auf dem Boden der
fehlenden Väterlichkeit etwas von dem entdecken kann,
was Väterlichkeit positiv ausmachen könnte. Aber in
dem letzten Satz »Wir machen uns selbst gesund, wenn
wir unseren Kindern geben, was wir selbst nicht hatten«, bekommen doch jetzt die Kinder die Funktion,
die Wunden ihres Vaters zu heilen. Ich glaube schon,
dass dies ein wichtiges und oft verdecktes Motiv in der
Beziehung zu den Kindern darstellt, aber kann diese
Dynamik nicht auch ausgesprochen destruktiv wirken
und den Kindern eher schaden? Und besteht diese Gefahr nicht gerade bei den modernen engagierten Vätern?
    Eine deutliche Gegenposition zu Sam Keen würde ver-
mutlich Howard Halpern beziehen. Halpern, amerika-
nischer Psychologe und Psychotherapeut, hat sich
intensiv mit den Beziehungsschwierigkeiten zwischen
erwachsenen Kindern und ihren Eltern auseinanderge-
setzt. Das Konzept des »inneren Kindes« ist für Halpern
wichtig; das »innere Kind« stellt den Teil einer Person
dar, in dem wichtige Erlebnisse, Gefühle und Erfahrungen aus der Kindheit festgehalten sind. Dieser »emotionale Gedächtnisspeicher« bewirkt, dass Menschen nicht
nur Erwachsene sind, die in der Gegenwart leben und
versuchen, die Vergangenheit zu vergessen, sondern auch
das Kind sind, das sie einmal waren und das sich mit seinen emotionalen Stimmungen und Wünschen aus der
Kindheit aktuell zu Wort meldet. Ein Beispiel:

»Für unser inneres Kind, dessen größte Furcht das Verlassenwerden ist, kann es manchmal entscheidend sein, unsere eigenen Kinder fest an uns gebunden zu halten, ihr Leben mit ihnen zu teilen, gerade so, als seien sie die tröstenden Eltern und wir das erschrockene Kind, das Angst hat, es würde sie für immer verlieren, wenn sie sich zu weit entfernen. Dieses verunsicherte Kind in uns kann nicht eigentlich glauben, dass unsere Kinder ihren eigenen Weg einschlagen, sich von uns lösen und uns dennoch weiter lieben können.«[3]

Ein solches unbewusstes Zusammenspiel zwischen Eltern und Kindern kann ganz unterschiedliche Themen aufgreifen und sich zu verschiedenen Mustern verdichten. Halpern spricht hier von »Tanzliedern«, die die Beziehung dadurch belasten, dass auf einer oder auf beiden Seiten das »innere Kind« die Führung übernimmt und das Gegenüber eine Aufgabe oder Funktion bekommt, die es gar nicht erfüllen kann. Kindern wird so von den Eltern die Aufgabe zugeschrieben, ihre eigenen emotionalen Defizite, Konflikte oder Wünsche auszugleichen, zu lösen beziehungsweise zu erfüllen. Beliebte Muster sind etwa, sich selbst als Opfer zu stilisieren und den Kindern ein schlechtes Gewissen zu machen, dem Gegenüber zu drohen (»sonst werde ich …«) und Angst zu provozieren, sich selbst als »Heiligen« zu präsentieren und den Kindern zu vermitteln, dass sie sich »schämen« müssten, oder auch eine unangemessen nahe und erotisch aufgeladene Beziehung von Vater zur Tochter oder Mutter zum Sohn. So entstehen Wechselspiele zwischen dem eigenen »inneren Kind« und dem »inneren Kind« des Sohnes beziehungsweise der Tochter, es entstehen Teufelskreise, die beide Seiten frustrieren und auf eine fatale Weise aneinander binden. Eine Veränderung dieser Konstellation erfordert, den eigenen Anteil an diesem Wechselspiel zu erkennen, also die Rolle des eigenen »inneren Kindes« zu erkennen und dann zu versuchen, sich selbst um dieses verletzte »innere Kind« zu kümmern und das »äußere« Kind aus dieser Funktion zu entlassen. In diesem Prozess der Auseinandersetzung mit dem eigenen »inneren Kind« kann sich die Beziehung zum »äußeren Kind« verändern und entspannen. Halpern meint, dass es den Eltern, deren Gefühle nicht mehr von ihrem »inneren Kind« beherrscht werden, gelingen kann,

* ihre Kinder wirklich als selbständige Menschen zu sehen, deren Aufgabe nicht darin besteht, die Wünsche und Bedürfnisse ihrer Eltern zu erfüllen,
* Freude über die einzigartige Entwicklung ihrer Kinder zu empfinden, auch wenn sich deren Wünsche, Werte und Ziele von den eigenen unterscheiden,
* die Zuneigung ihrer Kinder zu spüren, auch wenn deren Interesse und Zärtlichkeit in andere Richtungen gehen,
* und den Sinn ihres Daseins im vollen Ausleben des eigenen Lebens und nicht in der Existenz von Sohn oder Tochter zu finden.[4]

Zurück zu den engagierten Vätern und deren eigenem Vaterdefizit: Eine Position wie die von Sam Keen verstärkt die Gefahr, im Sohn oder in der Tochter sich selbst zu sehen und sich selbst zu meinen und sie, bei aller guten Absicht, zu einem eigenen Projekt zu machen, statt in einem guten »Gegenüber« zu bleiben und ihr »Ganz-anders-Sein« sehen und akzeptieren zu können. Ich kann als Vater meine Egozentrik, mich im Glanz meiner Kinder zu spiegeln und sie als Erweiterung meiner eigenen Wünsche zu betrachten, verabschieden, mich zurücklehnen und mit Freude zuschauen, wie sie ihre eigenen Lebensmuster entwickeln und entfalten.

Dieses Bild gefällt mir: Mich entspannt zurückzulehnen und mit Freude und Interesse zu schauen, wie meine Kinder ihr Leben in die eigenen Hände nehmen. Ich freue mich an ihnen und mit ihnen und bin einverstanden damit, nicht mehr für sie verantwortlich zu sein. Ich habe meine Töchter nicht »verloren«, auch in einem neuen »liebevollen Abstand« (Halpern) bleiben wir miteinander verbunden und finden eine neue Beziehung. Und diese Beziehung wird immer eine besondere und wichtige bleiben; dazu gehört, aufeinander zu zählen und sich aufeinander verlassen zu können, vor allem aber die Prägung durch eine gemeinsame Geschichte mit den guten und den schwierigen Erfahrungen miteinander. Und auch die Auseinandersetzung um diese gemeinsame Geschichte wird weitergehen. Ich selbst war über vierzig, als ich wirklich sehen und sagen konnte, was für mich mit meinen Eltern schwierig war und was gefehlt hat. Das wird meinen Töchtern mit mir vielleicht ähnlich gehen. Es bleibt also spannend. Uns Vätern, die wir ja häufig Meister darin sind, uns zurückzunehmen und die Bedeutung, die wir für unsere Kinder haben, zu unterschätzen, möchte ich gerne zum Schluss noch sagen, dass wir auch mit erwachsenen Kindern Väter bleiben und als Väter, die ihren Kindern mit Respekt und Liebe begegnen, gefragt sind.

[1] *Tom Waits in einem Interview in: Spiegel Spezial. Liebe, Nr. 5, 1999, S. 77*
[2] *Sam Keen, Feuer im Bauch. Über das Mann-Sein, Hamburg 1992, S. 308f.*
[3] *Howard Halpern: Festhalten oder Loslassen. Wie Eltern die Beziehung zu ihren erwachsenen Kindern gestalten können. iskopress, Salzhausen, 4. durchgesehene Auflage 1998, S. 19f., zuerst 1979 in den USA erschienen*
[4] *Ebenda, S. 31f.*

Jenseits von Gott Vater, Sohn und Co.?

Unmöglichkeiten und Möglichkeiten einer männlichen Gottesrede

CHRISTOPH MORGENTHALER

Ich kann nicht schlafen
geplagter Geist im kleinen Kind
will nicht zur Ruhe finden
aufgewühlt, ich weiß nicht mehr
weshalb

Ich werfe meine Beine über den
Bettrand, da baumeln sie
kurz, der Boden ist kalt
meine Füße saugen sich an den Fliesen fest

Und doch bewege ich mich zum Rechteck der Türe
das einen Lichtschimmer aus dem Dunkel schneidet
gehe hinüber
da liegt er, auf dem Kanapee,
allein, an der Arbeit

Es braucht nur den einen Satz
ich kann nicht einschlafen
wortlos fast die Verständigung
ich schlüpfe in den Lichtkreis, wo er liegt
mache es mir bequem
die Füße und wenn ich kalt habe den Oberkörper
berge ich unter seiner Wolldecke

Gekritzel des Bleistifts, das Schachbrett,
auf dem er die Blätter abstützt,
verdeckt sein Gesicht
und doch
er ist da
ein wortloser starker Geruch
Stallwärme, die sich über meine Füße breitet
wohlige Unklarheit steigt in den Kopf

Die Sterne blinken durchs Fenster
die Kirchturmuhr schlägt ihr Maß
ab und zu ein verstohlener Blick
er arbeitet
ich bin immer noch da

Die Augen fallen mir zu und ich
tappe zurück in mein Bett
sicher, dass ich schlafen kann
ich habe sein Schweigen gehört
es hat mich mit meiner Angst eingehüllt.

Gott-Vater: das Symbol lässt in mir vieles anklingen.
Erinnerungen an eine gute, starke, welteröffnende, väterliche Wirklichkeit. Erfahrungen der Geborgenheit,
der Körperlichkeit, riechbar, spürbar, wärmend, wie in
diesem Text, der mir in einem Schreibseminar zugefal-
len ist. Schweigen, Verschwiegenheit, bergende Stille.
Vater-Gefühle, die meine Beziehung zu meinem Vater,
meinen Söhnen und zu meinem Gott prägen, tragen,
nähren.
    Und doch ist es für mich schwierig geworden, »Gott
Vater« zu sagen. Ich vermeide die Formulierung, wann
immer ich kann. Ich stocke, wenn ich sie lese. Ich werde

unsicher beim Singen im Gottesdienst, wenn meine
Frau neben mir wieder einmal einen Text aus dem Kir-
chengesangbuch »übersetzen« muss und »Gott Mutter«
singt. Wenn ich schon Gott mit den Bildern von Eltern
in Verbindung bringe, dann formuliere ich »Gott, der
ist wie ein guter Vater und eine gute Mutter«. Wie ist es
so weit gekommen?

Der Verdacht

Es sind viele Erfahrungen, Einsichten und Anfragen, die
mir – und nicht nur mir – »Gott-Vater« verdächtig werden ließen.

Da ist die Hypothese, Gott Vater sei eine Projektion
menschlicher Erfahrung mit menschlichen Vätern in ein
Jenseits, die mich hellhörig gemacht hat. Sigmund
Freud hat sie besonders eindringlich und kritisch formuliert. Vielfache klinische Erfahrung erhärtet, dass das
reale Vaterbild das Gottesbild einfärbt. Freud hat dazu
den Verdacht gefügt, in der gläubigen Bindung an Gott
den Vater stecke kaum verborgen die Weigerung, erwachsen zu werden. Meine eigene Erfahrung zeigt mir
Verbindungsstellen, Überschneidungen, Verwerfungen
zwischen Vater- und Gottesbild. Ich möchte meinen
Glauben nicht auf einer Täuschung aufbauen.

So trifft mich auch Feuerbachs messerscharfe philo-
sophische Analyse des gleichen Projektionsvorgangs
und sein Ruf, das auf die Erde zurückzuholen, was in
den Himmel projiziert wurde. Gilt dies nicht auch für
eine gute Väterlichkeit? Was nützt es, von einem lieben-
den Vater im Himmel zu sprechen, wenn der reale Vater

abwesend, fremd, bedrohlich ist? Wäre es nicht viel besser, gute Väterlichkeit auf Erden zu leben, wenn nötig neu zu erfinden, und den Himmel den Pfaffen und den Spatzen zu überlassen, wie dies Heinrich Heine vorschlug? Und: Es ist nicht nur die gute Väterlichkeit, die in den Himmel erhoben wurde, die es zurückzuholen gälte. Es ist auch der wütende, kontrollierende, ferne, mächtige Anteil des Vaters, der projiziert wird. Was würde es bedeuten, diesen Teil auf die Erde zurückzuholen und auch ihn in menschliche Väterlichkeit zu integrieren?

Unabweisbar ist für mich auch die feministische Kritik: Sie hat überzeugend aufgewiesen, wie Gott-Vater zum Eckstein einer symbolischen Ordnung wird, die Männer ins Rampenlicht rückt und Frauen wesentliche Rechte vorenthält. Ich kann Gott nicht mehr Vater nennen, ohne an jene zu denken, die an dieser symbolischen und höchst praktischen Wirklichkeit gelitten haben und leiden. Ich denke, die Befreiungsbewegung, die Frauen in den letzten Jahrzehnten in Gang gebracht haben, ist eine Chance auch für uns Männer, wenn wir unsererseits tiefer verstehen, was wir mit dieser Form der Männerherrschaft, die in Gott-Vater gipfelt, mit uns selber und anderen anrichten.

So ist Gott-Vater für mich verdächtig geworden. Und ich bin zu der Überzeugung gekommen: Dieser Verdacht muss gepflegt werden, um des Menschen, um der Frauen und Kinder, um der Väter, um Gottes willen. Ich will meinen Glauben nicht auf Abhängigkeiten zu meinem Vater aufbauen, die ich nicht begriffen habe. Ich möchte gute (und böse) Väterlichkeit in mir integrieren und selber verantworten. Ich will nicht weiter an der symbolischen Ordnung eines Patriarchats mitbasteln, die Frauen benachteiligt – und Männer in den Krieg, in die Konkurrenz, die Karriere und den Kollaps treibt. Ich möchte meinen Glauben radikaler, bilderloser, verantwortlicher, solidarischer und bescheidener leben.

Nur frage ich mich: Ist dies das notwendige Ende: der verunsicherte, verdächtige, enttarnte, entthronte, kastrierte, beseitigte Vater-Gott? Oder sind weitere Schritte möglich, ohne Verrat an diesem Verdacht? Schritte zurück zu Quellen der Gott-Vater-Symbolik, die Zukunft eröffnen? Diese Symbolik schöpft ihre große Kraft ja aus jahrtausendealten religiösen Traditionen und der je neuen Erfahrung, als Mann (und Frau) einen Vater zu haben.

Der Vater-Gott – eine liebevolle Randerscheinung in der biblischen Tradition?

Es besteht kein Grund, daran zu zweifeln, dass das Gott-Vater-Symbol eine seiner Wurzeln in den vielfältigen biblischen Traditionen hat. In meiner Konkordanz finde ich fast 200 Stellen aufgeführt, in denen Gott »Vater« genannt wird. Gewiss eignet sich die eine oder andere dieser Stellen, aus dem Zusammenhang gerissen, um zweifelhafte Unterordnungsverhältnisse zu legitimieren. Aber was zeigt ein genauerer, auch für die Widersprüchlichkeit und Geschichtlichkeit dieser Taditionen geschärfter Blick?

Zuerst fällt die Vorsicht auf, mit der in den Schriften des Alten Testaments der Vatername auf Gott übertragen wird. So wird – nach dem Aufkommen des Königtums – Jahwe zwar als Vater des Königs bezeichnet, der König wird aber »Sohn Gottes« nicht durch göttliche Zeugung – eine damals geläufige Vorstellung –, sondern durch einen Akt der Adoption (2. Sam. 7,14), kraft eines prophetischen Zuspruchs. Vaterschaft bedeutet in diesem

Zusammenhang: geschichtlich-prophetische Erwählung des Königs und seines Volks. Diese Erwählung wird vom Propheten Jeremia später als Zeichen einer schmerzlichen, von Enttäuschungen gezeichneten und doch unverbrüchlichen Liebe gedeutet, die ein inniges, fast intimes Verhältnis zwischen dem Volk und Gott (z.B. Jer. 3,19) begründet. Jesaja nennt denjenigen, der über dem Volk, das im Finstern wandelt, als Licht aufstrahlen soll: Ewigvater, Friedefürst (Jes. 9,5). Diese prophetische Deutung der Vaterschaft Gottes taucht in den poetischen Texten der Hebräischen Bibel wieder auf: Wer sich im Rechtsakt schützend für einen Rechtlosen, für Waisen und Witwen, einsetzt, wird Vater genannt (z.B. Psalm 68,6).

Jesus hat Gott vor allem im Gebet als Vater angesprochen. Er benutzte dabei eine auffällige Formel: »Abba«, eine zärtliche Koseform, Väterchen, Papa. Über die biografischen Hintergründe dieses einzigartigen Verständnisses des Vaterseins lässt sich nur spekulieren. Anders als in der kirchlichen und volkstümlichen Tradition, in der Vater Josef nicht selten zum ältlichen Tölpel und gehörnten Mann verkam, begegnet mir in den – gewiss legendenhaft eingefärbten – Geschichten des Matthäus- und Lukas-Evangeliums Josef als ein junger Mann, der offen ist für Stimmen und Träume, in einer äußerst heiklen Situation Verantwortung übernimmt und ein grundlegendes Ja zu Maria und ihrem Sohn spricht. Dieses Bild scheint in einer der Perlen der Weltliteratur wieder auf: im Gleichnis vom verlorenen Sohn und seinem barmherzigen Vater. Darin begegnet Gott als Vater, der seinen Sohn (ohne Moralpauke) ziehen und ihn seine eigenen Erfahrungen machen lässt und ihn mit offenen Armen empfängt, als er gescheitert zurückkehrt. Dieser Vater erweist sich als irrtumsfähig, im Stande, umzudenken, starre Regeln loszulassen, offen auch für die Eifersucht zwischen seinen Söhnen und Solidarität stiftend. In dieses Bild passt, dass Jesus nirgends Familienverhältnisse theologisch überhöht, sondern von Verwandtschaft, gerade auch von Vätern, kritisch redet.

Bei Paulus, der Jesus zeitlich am nächsten steht, findet sich die Vorstellung von »Gott-Vater« zwar in liturgischen Formeln, die er aus der kirchlichen Tradition aufgreift (auch der Abba-Gebetsruf hat sich in den frühen Gemeinden erhalten). Dort wo Paulus selber argumentiert (und damit die christliche Theologie begründet), lässt er die Formel von »Gott-Vater« aber links liegen. Auch in den frühen Schichten der Evangelien-Überlieferung taucht die Formel von »Gott-Vater« selten auf. Erst bei Matthäus und besonders bei Johannes, der um die Wende des ersten Jahrhunderts schreibt, wird das Symbol »Vater« zum Synonym für Gott. Auch hier dient es dazu, ein besonders inniges Beziehungsverhältnis zwischen dem Vater und dem Sohn zu umschreiben.

Was zeigt dieser kurze Streifzug durch biblische Gefilde? Vom Bild des bärtigen, zorndonnernden, kontrollierenden Vater-Gottes ist in der biblischen Tradition wenig zu merken. Vaterschaft ist ein Bild für lebensermöglichende Treue, Akzeptanz, Zuspruch, Schutz, Trost. Und: Wichtiger als die Vater-Symbolik ist bei den Propheten und bei Jesus die Hoffnung auf das Reich Gottes, die radikale Verwandlung der Verhältnisse, Gerechtigkeit und Friede.

Gott-Vater im Generationenwechsel

Die Vater-Symbolik wurzelt in kulturell-religiösen Traditionen. Ihre Kraft schöpft sie aber auch daraus, dass in ihr grundlegende menschliche Erfahrung verdichtet ist. Dies ist ein zweiter, notwendiger Schritt der Differenzierung: vielperspektivisch die Geschichte des Vater-Gottes aus der Geschichte des Vater-Seins der Generationen nachzuzeichnen. Ohne die Arbeit einer solchen Rekonstruktion, so fürchte ich, wird das Verdrängte und Abgewehrte und an Gott Delegierte immer wieder unheilvoll in die Geschichte zurückkehren. Ich formuliere aus meiner persönlichen Erfahrung – und hoffe, darin werde Allgemeineres sichtbar.

Ich denke an die Generation meines Großvaters: Er wurde in einer Welt geboren, in der das Männliche und Väterliche klar dominierte, in Verhältnissen, die sich nicht so leicht verrücken ließen, in einer kirchlichen Kultur, in der Sparsamkeit und Frömmigkeit nahtlos ineinander übergingen, in der die Väter das Sagen hatten und es unumgänglich und selbstverständlich war, Gott Vater zu nennen. Und doch: Ich sehe ihn, den Familienpatriarchen, mit 80 Jahren immer noch unterwegs, selbstironisch, zäh. Als Ratsmitglied seiner freikirchlichen Gemeinde hilft er anderen Alten, Gebrechlichen und – mit besonderer Lust – jenen, die sich gegen Bürokraten verschiedener Couleur nicht wehren können.

Ich denke an die Generation meines Vaters: Geboren wurde sie nach der ersten großen Katastrophe dieses Jahrhunderts, dem Krieg 1914 – 1918. Auch sie bekam die zu feste Hand der Väter zu spüren, als sie aufwuchs. Die Weltwirtschaftskrise überschattete die Jahre des Erwachsenwerdens und stärkte zugleich die Solidarität in der kurz geschorenen Brüderbande. Es folgten die Jahre des »Aktivdienstes«, die diese Generation in der Schweiz zutiefst prägte. Stolz trägt sie ihre ungebrochenen Werte und die Schuld von Verschonten in die Nachkriegszeit. Söhne werden nun Väter der Baby-Boomer, gestalten den Aufbruch, verwirklichen hochfliegende Projekte, ohne die Jahre der Hochkonjunktur wirklich genießen zu können. Im Alter erst muss diese Generation die Entmystifizierung des Sonderfalls Schweiz – ihres Vaterlands – verschmerzen. Und auch da gibt es – wenn ich an meinen Vater denke – in der religiösen Symbolik das Gegenläufige: Wichtiger als der Vater-Gott wird sein Sohn, Jesus Christus, der eine andere Ordnung als diejenige der Leistung bringt: reine Gnade, die Gerechtigkeit schafft.

Ich denke an meine Generation. Sie ist nach dem zweiten großen Krieg geboren und in den 50er Jahren – der »Hochzeit« der Kleinfamilie – aufgewachsen. Noch nie in der Geschichte der Menschheit waren so viele Menschen so früh und so lange verheiratet. Noch nie gab es so viele legale Väter. Es kam die Revolte von 1968, die wütende, hämische, luzide Abrechnung mit den Vätern und dem Gott-Vater. Es folgte der Aufbruch der Frauen. Es wurde schwierig, sehr schwierig, »Gott Vater« zu sagen.

Ich denke an die Generation meiner Söhne: Sie erleben ambivalente Väter, hin- und hergerissen zwischen Nähe und Distanz, Härte und Empfindlichkeit. Wogegen sollen sie sich noch abgrenzen? Sie versuchen erst gar keinen Gegenentwurf mehr. Es wird für sie unnachvollziehbar, ja lächerlich, Gott-Vater zu sagen. Die symbolische Ordnung, die Gott-Vater verkörpert, wird entbehrlich. Offen bleibt die Frage, was an deren Stelle tritt. Wird es der Generation meiner Enkelsöhne, die noch nicht geboren sind, möglich werden, nochmals ganz anders Gott und Vater zu sagen, weil bis dahin neue Männlichkeit und Väterlichkeit, wie sie sich heute abzuzeichnen beginnen, selbstverständlich geworden sind?

Vater-Sein erscheint bereits in diesen Vignetten als wandelbar, vielfältig, vielschichtig. Die Vater-Symbolik hat sich innerhalb weniger Generationen tiefgreifend verändert. Und doch ist das Bild nochmals komplexer, als ich es hier zeichnen kann. Brechungen des Gottes- und Vaterbildes durch weitere Entwicklungen unseres Jahrhunderts wären zu bedenken: durch die Pille, die In-vitro-Fertilisation, die Vervielfältigung der Familienformen, die Feminisierung der Bezugspersonen, die Informatik. Es wären die Erbstücke, die eine Generation der anderen weitergibt, noch genauer zu untersuchen: Lebt nicht der Vater-Gott des Großvaters verborgen im psychischen Haushalt folgender Generationen noch weiter, bereit, aufzustehen, wenn ihm nicht Recht gegeben wird? Bleibt nicht der Sohn auch dann dem Vater verhaftet, wenn er dessen Gottesbild um 180 Grad dreht, statt des fernen den nahen, statt des strengen den gütigen Gott betont? Und delegiert nicht jener Vater, der den Sohn mit der geheimen Botschaft ins Leben entlässt, sich von Gott-Vater loszusagen, eine Auseinandersetzung, die er mit seinem Vater nicht wagte, an die nächste Generation und missbraucht so seinen Sohn?

Brauchbare »himmlische« Väterlichkeit (und Mütterlichkeit)

Was folgt aus dem bisher Skizzierten? Die Gott-Vater-Symbolik hat eine zutiefst ambivalente Geschichte, die nicht ausgeblendet werden darf. Schon in den biblischen Traditionen zeigen sich allerdings überraschende Ansatzpunkte, die patriarchale Gottessymbolik hoffnungsvoll auf Gerechtigkeit und Friede zielend zu deuten. Ihre geschichtlich-biografischen Fundamente sind, näher betrachtet, keineswegs aus einem Guss. Ich denke, dies gibt uns Männern und Vätern die Möglichkeit und die Aufgabe, neu – und vielleicht ganz anders – über Gott und Vater und Gott-Vater nachzudenken. Was wären die Folgen?

Zuerst einmal: Vatererfahrung bleibt. Sie wird auch in Zukunft symbolisiert werden. Sie braucht diese Symbolisierung, damit sie gestaltbar, kritisierbar wird. Aber sie befindet sich in einem tiefgreifenden kulturellen Umbruch. Neue Männer werden Väterlichkeit neu leben und ihre Bilder prägen. Sicher wird die Gott-Vater-Symbolik davon nicht unberührt bleiben. Neue Bilder werden sich mit ihr verbinden: Vater, der die Kartoffeln garen lässt oder abtrocknet. Neue, alte Bilder: Abba, Väterchen.

Es ist nicht nur ein Defekt, dass in der biblischen Tradition Gott auch mit dem Vaterbild verbunden wird. Gerade mit dieser Metapher, die eine Brücke schlägt zwischen der fernen Wirklichkeit Gottes und der nahen Vatererfahrung, kommt etwas vom biblischen Glauben zum Ausdruck, auf das ich nicht verzichten kann. Gott wird so be-greifbar, wie ihn auch Jesus von Nazareth verstanden hat: zutiefst menschlich, erfahrungsnah, emotional, generativ.

147

Allerdings: Im Symbol findet sich immer beides. Das Symbol stellt das dar, was es symbolisiert, und es verweist zugleich auf die Differenz. Das Symbolisierte ist nochmals anders als das Symbol. Das gilt auch für das Gott-Vater-Symbol: Es verweist auf eine Wirklichkeit, und zugleich ist es diese Wirklichkeit nicht, sondern bildet sie nur unvollständig ab. So ist Gott: Gott-Vater-nicht-Vater.

Welche guten Funktionen könnten dem Gott-Vater-Symbol vor diesem Hintergrund neu zukommen? Zweifellos: Vater-Gott war – gerade für uns Männer – immer ein brauchbarer, manchmal allzu brauchbarer Gott. Aber wenn wir die Geschichte, die Abgründe, den Verdacht nicht überspringen, könnte er es noch einmal anders werden: in prophetischer, befreiender Form. Ich nenne einige Formen einer solchen Gottesrede:

Die entlastende Rede von Gott-Vater: Reale Väter müssen nicht ideale Väter sein. Ideale Vaterschaft übersteigt alles, was wir von realen Vätern wissen, ist im besten Sinne aufgehoben in jener göttlichen Wirklichkeit, die allein durch und durch gute Väterlichkeit ist. Die irdischen Väter brauchen nur gut genug zu sein. Und doch: Gut genug ist genug.

Die machtbegrenzende Rede von Gott-Vater: »Denn dein ist das Reich und die Kraft und die Herrlichkeit in Ewigkeit.« Diese Worte beschließen das Vaterunser, wie es durch Jahrhunderte gebetet wurde. In ihnen steckt der Protest gegen alles, was sich auf der Erde letzte Kraft und Herrlichkeit anmaßt, gerade dann, wenn es im Gewand der Männlichkeit daherkommt.

Die welteröffnende Rede von Gott-Vater: Gott-Vater kann auch in einem guten, entgrenzenden Sinn die Macht der Gedanken, der Ordnung, des Dritten und Unbekannten repräsentieren, das jede Symbiose sprengt, und des Nein, das in der Opposition Kräfte weckt. Die Symbolik von Gott-Vater eröffnet als Horizont das Reich, in dem Gerechtigkeit und Friede zwischen gleichberechtigten Geschwistern anbrechen.

Die frustrierende Rede von Gott-Vater: Der Vater ist immer anders, leider ganz anders, als es unsere Wünsche möchten. Er versagt sich. Etwas unbeholfen, kann er Distanz nicht einfach kommunikativ überspielen. Er zieht Projektionen auf sich. Er schafft dadurch aber einen Raum, in dem ich zu meinen eigenen Worten und Gedanken finden kann. Ein bisschen so, wie der Vater-Analytiker, der mir durch sein Schweigen Selbständigkeit zuspielt.

Die Gottesrede, welche Geschlechtsattribute umpolt: Jede der genannten Reden von Gott-Vater steht in Gefahr, dass sie Gott wieder mit traditionellen Vorstellungen des Mann-Seins verbindet. Deshalb braucht es auch eine Rede von Gott, die Eigenschaften, die Gott zugeschrieben werden, von Geschlechtszugehörigkeit abkoppelt, ja, die diese umpolt: Gott ist wie die Mütter stark, kräftig, heldenhaft ...; Gott ist wie die Väter: zärtlich, zugänglich, gefühlvoll ...

Was soll eine solch »erfinderische«, »bildernde« Rede von Gott-Vater-nicht-Vater, Mutter-nicht-Mutter? Ist sie legitim? Verfehlt sie nicht das Wesen Gottes? Meine Gegenfrage: Ist die Rede von Gott nicht immer wieder Bildrede? Vielleicht könnte gerade die Vervielfältigung

der Vater- (und Mutter-)bilder, die sich mit Gott verbinden lassen, ihre Grenzen noch deutlicher aufweisen.
Vielleicht zeigte gerade brauchbare himmlische Väterlichkeit (und Mütterlichkeit) die Grenzen jeder Väterlichkeit (und Mütterlichkeit). Vielleicht sind viele Bilder
gerade ein Zugang zur Bildlosigkeit. Denn: Es gibt ein
Jenseits von Gott Vater Mutter und Co.: Gott.

Meine Ohren
gespitzt
schrecken auf
der geringste Laut
donnerndes Getöse.
Da,
in der schimmernden Stille
namenlos
Gott.

In the Mood

Protokoll einer verSÖHNlichen Reise

Peter Gelhard*

Früher hieß mein Vater Vadi, mit langgezogenem A und weichem D. Man kann das gar nicht hart aussprechen. Inzwischen nenne ich ihn Vadder. Das klingt distanzierter als Vadi, aber immer noch weich.

Er steht aufrecht und schwankt. Mit dem Ruder stößt er uns vom Felsen ab. Langsam gleitet unser Boot ins Wasser. Mit einigen Ruderschlägen verlassen wir die kleine Anlegebucht und nehmen Kurs auf die Mitte des Fjords. Mein Vater hat jede Menge Muskeln, besonders in den Armen. Sie recken sich braungebrannt aus seinem tiefblauen muscle-shirt, um zu neuem Schwung auszuholen.

Mit täglich wachsendem Missfallen habe ich registriert, dass er sich schon seit elf Tagen anstatt zu duschen nur am öffentlichen Waschbecken unseres Zeltplatzes gewaschen hat. Zuviel Duschen macht die Haut dünn, sagt er immer. Aber was ich komisch finde: Ich an seiner Stelle würde schon stinken wie ein alter Käse. Er dagegen riecht nicht einmal schlecht.

Wir angeln.

Vor sechzehn Jahren bin ich das letzte Mal mit ihm in Urlaub gefahren, mit ihm und meiner Mutter. Damals hatte ich mir geschworen: Nie wieder! Ich war dreizehn

---

Peter Gelhard ist ein Pseudonym. Der Autor ist vierzig Jahre alt.

und hatte einige aufregende Tage zuvor zum ersten Mal ein Mädchen geküsst. Ich war drauf und dran, meine Unschuld zu verlieren, und sollte nun drei Wochen lang mit meinen Eltern in einem österreichischen Kuhdorf die Zeit totschlagen. Damals habe ich mir redliche Mühe gegeben, ihnen den Urlaub zu vermiesen, was nicht schwer gewesen ist.

Dieses Mal bin ich freiwillig mitgekommen. Der Vorschlag, nach Norwegen zu fahren, und zwar mit meinem Vater allein, ist sogar von mir gekommen. In den letzten fünf, sechs Jahren hat er mich immer wieder gefragt, ob ich nicht Lust hätte, mit ihm nach Kanada auf eine Angeltour zu fahren. Ich lehnte stets dankend ab, gab vor, kein Geld für eine derart weite Reise zu haben. In Wahrheit konnte ich mir nicht vorstellen, mit ihm länger als zwei Stunden an einem Tisch zu sitzen, ohne mich über ihn aufzuregen. Dass ich jetzt mit ihm hier in einem Boot sitze, nachdem wir meine Mutter bei einer ihrer Schwestern »ausgesetzt« haben – ein köstlicher Versprecher meines Vaters –, hat damit zu tun, dass er in all den Jahren das Interesse an mir nicht verloren hat. Es hat lange gedauert, bis ich mich endlich darüber gewundert habe.

Ich fange den ersten Fisch für heute. Ein kleiner Dorsch. Zu klein. Mein Vater fummelt ihn vom Haken ab, wirft ihn wieder ins Wasser und bemerkt meinen säuerlichen Gesichtsausdruck. »Das tut dem nix.«

Ich wende ein, dass der Haken dem Fisch doch den halben Kiemen aufgerissen habe.

»Ach was! Das war nur äußerlich.« Er wischt sich die Hand an der Hose ab. »Außerdem spüren Fische keine Schmerzen.«

»Da sind die Tierschützer aber anderer Meinung.« Ich mache mir wenig Hoffnungen auf eine Einigung, denn ich kenne seine Antwort schon von früheren Streitereien.

»Die Tierschützer haben ja keine Ahnung. Die haben noch nie einen Fisch von nahem gesehen und reißen den Koffer auf.«

Wie er denn darauf komme, dass Fische angeblich keine Schmerzen empfinden, will ich wissen. Und außerdem hätten alle Tierschützer, die mir bekannt seien, eine Menge Ahnung von dem, worüber sie reden. Und weshalb er sie diffamieren müsse, wo er noch nicht mal einen persönlich kenne.

Schweigend angeln wir weiter.

Er starrt aufs Wasser. Plötzlich schaut er mich von der Seite an. »Du bist genau wie die Mudder. Regst dich auch über alles auf. Und wenn's nicht nach deiner Nase geht, wirste pampig.«

Beleidigt lasse ich den Pilger, eine Art Metallblinker für Gründelfische wie Dorsche es sind, ins Wasser sinken. Der Fjord ist an dieser Stelle gute siebzig Meter tief. Ich warte, bis der Pilger den Grund erreicht hat. Dann hole ich die Schnur einen Meter ein und pumpe mit der Angel, so dass der Pilger kurz über dem Grund auf und ab tanzt. Kommt ein Dorsch, beißt er zu. Es kann auch passieren, dass sich der Pilger in den Schlingpflanzen verfängt. Dann bleibt er hängen und ist verloren.

Ich bleibe hängen. Zum dritten Mal an diesem Morgen.

»Macht nix.« Mein Vater greift in seinen Angelkasten und zeigt mir zum dritten Mal, wie ein Pilger an die Schnur befestigt wird. Ich kann mir das einfach nicht merken.

Nach einer Viertelstunde geht wieder ein Dorsch an meine Angel. Das Vieh ist verdammt schwer. Ich drücke meinem Vater die Angel in die Hand. Er soll den Fisch reinholen. Ich habe Angst, dass ich's vermassle.

Er hat an diesem Morgen kein Glück. Auch beim Schach gestern Abend hat er die ganze Zeit verloren. Er

153

ist schon die ganze Zeit sauer. Nicht auf mich, sondern auf sein Pech.

Er ist das jüngste von vier Geschwistern. Mein Opa war Bergmann und starb an einer Lungenentzündung, als mein Vater sieben Jahre alt war. Meine Oma, eine kühle und harte Frau, arbeitete daraufhin wieder als Bankangestellte und brachte die Kinder durch, ohne nochmals zu heiraten. Mein Vater und sein drei Jahre älterer Bruder wurden aufs Gymnasium geschickt. Der Ehrgeiz ihrer Mutter bestand darin, die beiden Söhne aus der Arbeiterschicht ausbrechen zu sehen. Das Gymnasium wurde während des Krieges evakuiert, der Bruder wurde eingezogen und an der Front verletzt. Bei Kriegsende war mein Vater siebzehn und hatte keine Lust mehr, die Schulbank zu drücken. Der Bruder brachte eine Zahntechnikerlehre zu Ende, wurde später Zahnarzt und zum Stolz der Familie. Mittlerweile hat er sich zur Ruhe gesetzt und ist Millionär. Mein Vater ist seit einem Jahr Frührentner und bezieht rund 1700 Mark im Monat.

Nach dem Krieg ging er in die Fabrik, heiratete Anfang der fünfziger Jahre eine Hilfsarbeiterin, meine Mutter, und machte ein paar Jahre später den Führerschein Klasse II. Fortan war er Kraftfahrer im Nahverkehr, Beton fahren, Sand, Steine, Dreck.

Er sitzt mir gegenüber. Wir sind zu einer anderen Stelle des Fjords gerudert. Er schimpft. »Scheißwellen! Scheißwind! Mir tut der Hintern weh. Nächstes Mal nehm ich mir ein Kissen mit.« Endlich fängt er einen Fisch, einen Schellfisch.

Dann fange ich ein aalartiges Vieh.

Wir rudern bald zurück an Land. Die großen Fische nimmt mein Vater aus. Mehrere Kilo Eingeweide sind nicht jedermanns Sache. Meine Mutter fasst ja keinen Fisch an. Sie ekelt sich davor.

Den Aal, oder was immer das ist, schneide ich in Scheiben, die wir uns zu Kartoffeln und Tomaten grillen. Bevor wir die Gabeln heben, muss mein Vater noch seine Magentropfen einnehmen. »Schmeckt schauderhaft, das Zeug!« Er verzieht das Gesicht und schraubt die Flasche zu. »Mahlzeit!«

Mit fünfundzwanzig haben sie ihm den halben Magen weggeschnitten. Nach dem Krieg, erzählt er, habe er in der Fabrik zu Mittag immer nur Getreidebrei mit fettem Fleisch zu essen gekriegt und ständig in gebückter Haltung arbeiten müssen. Er habe oft sauer aufgestoßen und manchmal alles wieder rausgekotzt. Der damalige Werksarzt wollte ihn nicht krankschreiben. In einer Zeit, in der die Ärmel hochgekrempelt werden sollten, hielt er ihn für einen Simulanten. Ein anderer Arzt kam endlich auf die Idee, eine Magenspiegelung vorzunehmen. Die Magengeschwüre waren schon vernarbt; also kam er unters Messer.

Er ist noch keine sechzig, aber manchmal sieht er aus wie siebzig. Die Magengeschwüre haben sein Gesicht in unzählige Falten zerlegt. Sein schütteres, graues Haar lässt die Haut richtig ledern erscheinen. Gelenkrheumatismus und chronische Knochenhautentzündung machen ihm zu schaffen. Vor ein paar Jahren plagten ihn wieder Magengeschwüre, aber dieses Mal waren sie mit Tabletten wegzukriegen. Die Tropfen vor dem Essen muss er einnehmen, weil die alten Narbenränder inzwischen chronisch entzündet sind.

Trotz alledem ist er kein körperliches Wrack. Er ist ein Malocher, der immerzu in die Knochenmühle musste. Jammern half da nichts. Aber wenn er sich mal am Küchenstuhl den Arm stößt, dann jault er auf, hält sich die schmerzende Stelle und schüttelt den Kopf: »Mann, Mann, Mann. Womit hab ich *das* verdient!?«

155

In den ersten Tagen unseres Urlaubs habe ich mich ab und zu über ihn lustig gemacht, wenn er mittags um zwölf auf die Uhr schaute und meinte, dass man mal wieder etwas essen sollte. Auf meine Frage, ob er denn hungrig sei, da wir doch erst um halb zehn gefrühstückt hätten, zuckte er nur mit den Schultern. »Zwölf ist halt meine Zeit. Das ist mir irgendwie ins Blut übergegangen.«

Jetzt ist es drei Uhr am Nachmittag. Mein Vater wischt sich den Mund ab, schaut auf die Uhr und grinst mich an. »Sowas Verrücktes, um drei sitzen wir hier und essen zu Mittag. Normalerweise trinke ich um die Zeit gerade Kaffee und ess ein Stück Kuchen.« Er kaut bedächtig. »Aber man gewöhnt sich an alles.«

Den Fisch habe ich mit Olivenöl, Pfeffer, Salz, Knoblauch, Thymian und Zitronensaft mariniert.

»Kochen kannste ja.« Mein Vater nickt beifällig, während er Haut und Gräten auf seine Serviette spuckt.

»Mensch!« Ich schaue ihn angewidert an. »Muss das sein!?«

»Wieso, was ist denn?«

»In einem Restaurant könntest du nicht so rumspucken.«

Für einen kurzen Moment überlegt er. Dann wendet er sich wieder seinem Fisch zu. »Wir sind aber nicht in einem Restaurant.«

Wenn er mir den Fischrost über den Schädel gezogen hätte, ich hätte mich nicht beschweren dürfen. Einen feinen Jungen, den er da habe, hat mal einer zu meinem Vater gesagt. Ich stand neben ihm und war stolz. Jetzt komme ich mir vor wie ein feiner Pinkel.

Früher in den Sommerferien bin ich manchmal mit ihm zur Arbeit gefahren. In den nahe gelegenen Weinbergen wurden kilometerlange Stützmauern gebaut.

Mein Vater fuhr den Maurern die Steine an. Um vier Uhr in der Früh standen wir auf, meine Mutter schmierte uns Brote und legte sie in einen weiß-gelben Plastikbehälter, in dem die Butterbrote jedesmal warm, weich und ranzig wurden. Für das Mittagessen bekamen wir zwei Henkelmänner mit, in denen sich Kartoffeln, Soße und Gemüse zu einem braunen Brei vermengten. »Was meinste, wie das nachher im Magen aussieht!«, sagte er immer, wenn er mein entsetztes Gesicht sah.

Auf der Baustelle stand ein alter Bauwagen, in dem sich neben Werkzeug und Benzinkanistern auch ein alter Ölofen befand, der eine mit Wasser gefüllte Blechwanne erhitzte. Eine halbe Stunde vor der Mittagspause um zwölf kamen die Arbeiter und stellten ihre Henkelmänner in das heiße Wasser. Richtig warm wurde das Essen in den Kannen allerdings nicht.

Ich hielt mich lieber an die ranzigen Marmeladenbrote. Ich weiß, dass mein Vater diesen Fraß auch nicht ausstehen konnte. Aber er meinte immer: »Es ist nix anderes da, also: Hinein damit!«

Dann ging es weiter zum Steinbruch und wieder zurück in die Weinberge. Auf den halsbrecherischen Serpentinen donnerte er mit seinem Lastwagen entlang. Die Hänge fielen steil ab, aber ich hatte keine Angst. Bei meinem Vater war ich sicher.

Ansonsten bekam ich ihn nur abends kurz zu Gesicht. Wenn er gegen sieben nach Hause kam, zog er die rechte Schublade unseres Küchenschranks auf, nahm eine alte Zigarrenkiste heraus, in der er Familiendokumente, Lohnstreifen und Lottoscheine aufbewahrte, und notierte seine tägliche Stundenzahl. Neugierig beugte ich mich manchmal über das kleine Heftchen, um zu sehen, ob er wieder auf vierzehn Stunden gekommen war. Ich fand das toll. Im Sommer waren zwölf, dreizehn, auch vierzehn Stunden die Regel. Einmal habe ich ihn aus lauter unschuldiger Rekordlust aufgefordert, doch mal noch früher als vier Uhr aufzustehen, damit er mehr als vierzehn Stunden aufschreiben könne. Er lächelte nur und meinte: »Mehr geht leider nicht.«

Ich erinnere mich noch gut an unsere Legofamilie. Auf einer großen, grauen Legoplatte bauten meine drei Jahre ältere Schwester und ich den Grundriss einer Wohnung auf, die in etwa der unsrigen entsprach: Küche, Wohnzimmer, Elternschlafzimmer und Kinderzimmer. Das war, noch bevor ich meinen Vater ab und zu zur Arbeit begleitete. Die einzelnen Mitglieder unserer Legofamilie bauten wir aus kleinen runden Einersteinchen, die übereinander gesteckt wurden. Fünf für den Vater, vier für die Mutter, drei für meine ältere Schwester und zwei für mich. Sie spielte die Rollen der Mutter und der Tochter, ich übernahm die des Vaters und des Sohnes. Morgens wurde ich auf die Arbeit geschickt. Ich musste die fünf übereinander gesteckten Steinchen nehmen, die Wohnung verlassen und in einem halben Meter Entfernung in den Lastwagen einsteigen. Dann machte ich brummbrumm, kurvte um Tisch- und Stuhlbeine und machte nach fünf Minuten Mittagspause. Gesprochen habe ich kein Wort. Nach einer Minute fuhr ich wieder los. Mehr als brummbrumm fiel mir nicht ein.

Während ich also in der Weltgeschichte herumbrummte und mich langweilte, spielte meine Schwester, die für die Zeit der Abwesenheit des Vaters auch die Sohnesrolle übernahm, ihr ganzes Talent aus: Familienstreitereien entstanden, wurden gelöst, und wenn es die beiden Kinder zu bunt trieben, sollte der Vater abends das Machtwort sprechen. Geschlagen habe ich die Kinder nicht, obwohl wir in Wirklichkeit ziemlich oft Dresche bezogen. Ich beobachtete gebannt die Familienszenen im Legoland und wollte als Vater früher nach Hause kommen als gewöhnlich. Aber meine Schwester schickte mich wieder weg. »Wir sind hier noch nicht fertig. Geh! Du darfst noch nicht heimkommen!« Wurde mir endlich nach ein paar weiteren Runden um Tisch und Stühle die Tür geöffnet, gab mir meine Schwester die Sohnesrolle wieder zurück. Aber mir fiel nichts mehr zu reden ein. Plötzlich war der Sohn genauso stumm wie der Vater, der sich die Klagen der Mutter über die Kinder und das knappe Geld anhörte.

Mein Vater war so ein abwesender Vater. Vielleicht haben wir ihn deshalb alle so heiß geliebt, weil nicht er, sondern unsere Mutter die Nickeligkeiten des Alltags mit uns auszufechten hatte. Ein guter Vater widmet sich heute ja wenigstens nach der Arbeit seinen Kindern. Vadi schlief abends fast im Stehen ein.

Wie in Wirklichkeit war auch unsere Legowohnung picobello sauber. Und wenn ich als Vater abends nach Hause kam, wusch ich mir die Hände und zog mich um. Unser richtiger Vater wusch sich zwar auch die Hände, aber er zog sich nicht um, denn er verschwand dann entweder im Gemüsegarten oder in seinem Bastelkeller, um Möbel zu bauen, die unsere Mutter nie leiden mochte.

Mama träumte stets vom rustikalen Wohnzimmer in sauberen und adretten Verhältnissen. Ein Wort, in das sie stets ihren ganzen Widerwillen legte, war »Körperausdünstungen«. Heute noch, wenn ich im Sommer meine Eltern besuche und sie mich auffordert, mich doch mal zu waschen, und mit gerümpfter Nase und wedelnder Hand »Körperausdünstungen« sagt, komme ich mir vor, als hätte ich nach einem großen Geschäft vergessen, die WC-Spülung zu betätigen.

Große Pläne hatte mein Vater für uns wohl nicht geschmiedet. Sein Ziel klang immer recht bescheiden:

»Wenn ihr später mal nicht wie ich mit dreckigen Klamotten von der Arbeit kommen müsst, bin ich schon zufrieden.« Erst allmählich begreife ich, was es ihn und unsere Mutter gekostet hat, uns so weit zu bringen.

Nach dem Essen steht er auf, tritt neben den Campingtisch und reckt sich. Dann legt er sich eine Hand auf die Magengrube und rülpst vernehmlich, wobei er gleichzeitig »Obst und Gemüse« sagt und grinst. Und dann noch einmal: »Ieaaab!«

Ich muss lächeln. Ich erinnere mich an einen alten Spaß, den er früher oft gemacht hat. Er nahm sein Gebiss aus dem Mund, die Lippen kippten in die Mundhöhle, und er schnitt die verrücktesten Grimassen.

»Worüber lachst du?«

Ich sage es ihm, und wir lachen beide.

Er streckt sich nochmals und lässt beide Hände auf seinen nackten Bauch klatschen. Es scheint, als habe er auch dann noch ein weißes Unterhemd an, wenn er es in Wirklichkeit schon ausgezogen hat. Der Kopf, der Hals und die Arme sind braungebrannt. Der Bauch, die Brust und der Rücken dagegen sind schneeweiß. Etwas Farbe werden sie im Laufe des Sommers noch annehmen, wie auch seine Beine. Die Füße aber werden weiß bleiben, denn die Socken zieht er nie aus. So kenne ich ihn, und so haben früher auf den Baustellen alle Arbeiter ausgesehen.

Ich besorge den Abwasch. Mein Vater bereitet die nächste Angeltour für den Abend vor. Wir wollen an einer flachen Uferstelle auf Schollen gehen. Nachdem ich das Geschirr weggeräumt habe, schaue ich ihm zu, wie er neue Haken an das Silk zweier Angeln befestigt. Seine großen Hände arbeiten geschickt. Die Handflächen sind gelb gefärbt von Schwielen. Auf den Handrücken treten dicke Adern hervor, die sich bis zu den Oberarmen hinaufziehen.

Bei sonntäglichen Spaziergängen lief ich früher stets an seiner linken Seite und fasste nach seiner Hand. Sie fühlte sich trocken an, rauh und fest. Manchmal konnte ich ihn zu einem Wettrennen überreden. Aber meistens wehrte er ab. »Ach, ich bin doch viel zu schnell für dich, das ist doch unfair.« Wenn ich dennoch losrannte, holte er mich natürlich bald ein. Seine mächtigen Oberschenkel blitzten in meinen Augenwinkeln, und es war, als galoppierte Fury an mir vorbei. Tröstend legte er mir dann eine Hand auf den Kopf. »Musst noch ein bisschen wachsen, dann schlägste deinen alten Vadder.«

Überhaupt die Sonntage. Manchmal saßen wir lange am Frühstückstisch, und meine Eltern erzählten von früher. Wie sie zehn Kilometer zu Fuß für ein Stück Butter laufen mussten, wie die Bomben fielen, wie die Italiener uns geholfen haben, was in mir große Sympathien für die Italiener weckte, weshalb ich auch nicht verstehen konnte, warum die ersten Gastarbeiter in unserer Stadt so abfällig »Spaghettifresser« genannt wurden. Manchmal sangen meine Eltern auch zweistimmig alte Schlager, oder meine Mutter erzählte zum hundertsten Mal die Geschichte, wie sie mit dem Fahrrad eine Kurve verfehlt hatte und im Brennnesselgebüsch gelandet war.

Mein Vater ist noch mit seinen Angeln zugange. Ich sitze in ein paar Metern Entfernung in einem Campingstuhl und blättere in einem zwei Wochen alten SPIEGEL. Seit mehr als zehn Tagen bin ich jetzt mit meinem Vater zusammen. Ich glaube, es geht uns beiden ganz gut, auch wenn wir uns hin und wieder streiten. Wenn ich ehrlich bin: Eigentlich bin ich derjenige, der ständig an ihm etwas auszusetzen hat. Ich glaube, ich muss mal wieder allein sein, wenigstens für ein, zwei Stunden.

»Ich rudere auf die andere Seite zum Laden und bringe neue Pilger mit!« Ich stehe auf.

Er räumt sein Angelzeug beiseite. »Warte, ich komm mit.« Er bemerkt meinen missmutigen Blick. »Was soll ich denn hier allein?«

»Dich mit dir selbst beschäftigen.« Ich erschrecke über den gereizten Unterton meiner Stimme.

»Kann ich nicht.« Er zieht sich die Socken hoch. »Hab ich noch nie gekonnt.«

»Ich möchte aber allein rausfahren.«

»Warum denn?«

Ich versuche einzulenken. »Nur so.«

»Das muss doch einen Grund haben!« Misstrauisch.

»Nein wirklich nicht.« Verärgert gehe ich zum Bootssteg. Das hat er mal wieder in den falschen Hals gekriegt! Ich rudere raus und halte in der Mitte des Fjords.

Ich habe mich früh von zu Hause abgenabelt. Mit elf, zwölf habe ich mich innerlich davongemacht. Ich wollte hoch hinaus, höher als mein Vater, meine Familie. Nun war das ja durchaus im Sinne meiner Eltern, aber irgendetwas behinderte mich. Vielleicht haben mir die Bronchien deshalb damals solche Schwierigkeiten gemacht, weil die Luft oben so dünn war.

Ich wollte unbedingt aufs Gymnasium wie mein älterer Bruder und wie alle meine Freunde aus der Siedlung, aber meine Eltern wollten mich nicht lassen. Ich war ein mittelprächtiger Schüler, und sie befürchteten, dass ich auf der höheren Schule absacken würde. Bei meinem Bruder war es so gewesen. Auf Anraten meiner Lehrerin absolvierte ich noch das fünfte Schuljahr. Als sich meine Eltern danach immer noch weigerten, mich aufs Gymnasium zu schicken – mein Bruder war ausgerechnet in diesem Jahr sitzen geblieben –, ließ ich ihnen über Wochen hinweg keine Ruhe mehr. Ich mobilisierte meinen Klassenlehrer, drängte meine Mutter, sich mit ihm zu treffen, und schließlich, am letzten möglichen Tag, wenige Tage vor Schulbeginn, hatte das Zureden meines Lehrers gewirkt. Meine Mutter meldete mich an. Das war Maßarbeit! Am ersten Schultag waren alle Mütter versammelt. Sie führten uns an der Hand. Ich riss mich los, lief vor, wollte nicht an der Hand meiner Mutter gehen. Das war *mein* Tag, *meine* Schule, *mein* Weg. Ich war wie elektrisiert.

Später hieß es: Du hast schon immer deinen Kopf durchgesetzt. Meine Mutter sagte es nicht ohne Stolz. Entgegen der ängstlichen Erwartung meiner Eltern fiel ich in der Welt der anderen, der gebildeten, feinen Leute nur selten unangenehm auf. Ab meinem dreizehnten Lebensjahr hielt ich mich fast nur noch zum Schlafen zu Hause auf. Ich lieferte gute Noten ab. Wie ich das fertig brachte, entzog ich ihrer Kontrolle. Sie ließen mich gewähren. Meinen Vater sah ich noch seltener als früher. In der Erinnerung gerät er fast völlig aus meinem Gesichtsfeld. Ich hatte kein Interesse mehr an ihm. Andere Väter machten Musik oder tranken mit mir und meinen Freunden Whisky. Mein Vater trank nicht mal Bier.

Mit siebzehn hatte ich meine erste richtige Freundin. Sie war eine Klasse über mir – und das im doppelten Sinn der Worte. Das Wohnzimmer ihrer geschiedenen Mutter war fast so groß wie die gesamte Wohnung, in der ich lebte. Sie war eine gut aussehende, gebildete Frau, und der Gedanke, sie könne einmal mit meinen Eltern zusammentreffen, war mir ziemlich unangenehm. Ich ging davon aus, dass diese wortgewandte und gut situierte Frau meine Eltern beschämen würde, und das wollte ich ihnen ersparen. Was in Wahrheit dahintersteckte, zeigte sich später einmal, am Polterabend meiner Schwester.

Die Erinnerung an die Szene im Treppenhaus bereitet mir Unbehagen. Plötzlich standen sich mein Vater und die Mutter meiner Freundin gegenüber und schüttelten sich unsicher lächelnd die Hände – zum ersten Mal. Sie wolle nur ein kleines Präsent für meine Schwester vorbeibringen. Ich beobachtete das Paar misstrauisch. Ich sah, wie mein Vater errötete, unbeholfen ein paar Worte fand und mit einem Mal klein und verbraucht wirkte, wie ein Arbeiter. Ich schämte mich für ihn.

Ich rudere zum Laden und kaufe neue Pilger. Auf dem Rückweg bläst mir der Wind ins Gesicht. Vor dem letzten Drittel geht mir die Puste aus. Ich halte an und versuche zu erkennen, was mein Vater am Ufer treibt. Er ist ein Pessimist, ein Erzpessimist. Und er ist davon überzeugt, dass alles Ungeregelte im Leben Enttäuschung bringt. Er ist empfindlich. Auf der Fähre hat ihn eine norwegische Kellnerin unfreundlich bedient, weshalb er sich jetzt weigert zu lernen, was »Guten Tag« auf Norwegisch heißt. Er gibt zu, nie so recht zu wissen, worüber er sich mit anderen Leuten unterhalten soll. Und wer viel und gern erzählt, wird rasch der Schwätzerei verdächtigt. Gelegentlich flippe ich aus, raunze ihn an: »Mann, musst du immer alles und jeden schlecht machen!«

»Wieso!? Ich mache doch gar nichts schlecht. Ich sage nur meine Meinung! Das passt dem Herrn wohl wieder nicht, was!?«

Auf geht's! sage ich leise zu mir, rudere ans Ufer und lege am Bootssteg an. Mein Vater sitzt in der Sonne und bräunt sich. Die Socken, seine Schuhe und die Shorts hat er anbehalten.

»Warst aber lange weg!« Er blinzelt mich an.

Ich reibe mir die Hände. »Das ist auch ein ganz schönes Stück da raus. Mir tun schon die Gelenke weh.«

Er lächelt. »Das glaub ich. Mir tun auch die Arme weh.« Er schließt die Augen.

Ach Vadder! denke ich. Du bist schon in Ordnung!

Wurde ich früher nach meinem Verhältnis zu meinen Eltern gefragt, lautete die Antwort stets: »Meine Mutter ist eine feine Frau, die unter meinem Vater ziemlich zu leiden hat.« Heute weiß ich, dass dieser Satz ungerecht ist.

Einmal, ein einziges Mal, hat mein Vater in meinem Beisein über seine Ehe gesprochen. Meine Mutter hatte mich kurz zuvor besucht, und wir hatten ein ganzes Wochenende lang über sie und ihr Ehejoch geredet, so wie in all den zehn Jahren zuvor schon. Ein paar Tage später krachte es bei den beiden. Ein Streit wie alle Tage, aber dieses Mal rastete mein Vater aus. Er gab ihr eine Ohrfeige, und das Geschrei war groß. Als ich eine Woche später zu ihnen fuhr, kam mir die Atmosphäre ungewohnt ruhig und entspannt vor. Natürlich erzählte mir meine Mutter sofort, was passiert war. Meinem Vater war das peinlich, aber er meinte, sie habe die Ohrfeige verdient.

Wir saßen zu dritt im Wohnzimmer. Sie sagte zu ihm: »Du hast noch nie gewusst, was Zärtlichkeit bedeutet.« Er gab zurück: »Und für dich war Zärtlichkeit schon immer ein Fremdwort.«

Die beiden haben es wahrhaftig nicht leicht gehabt. Als sie heirateten, war meine Mutter zwanzig, mein Vater vierundzwanzig. Nach drei Jahren hatten sie drei Kinder. Vier Jahre später kam ich noch dazu. Mit siebenundzwanzig war aus der jungen, lebenslustigen Frau eine richtige Tonne geworden und, wie sie immer wieder erzählte, verheiratet mit einem Mann, der sie zum ewigen Schicksal einer Arbeiterfrau verdonnerte. Seit mehr als fünfunddreißig Jahren schon steht dieser Vorwurf zwischen den beiden: Du hast mir mein Leben versaut. Und letzten Endes: Du bist ein Versager.

Der Vater meiner Mutter war Metallarbeiter, ein Antifaschist, der im Krieg Fremdarbeiter heimlich mit Lebensmitteln versorgte, einer, der seinem einzigen Sohn lieber die Knochen brechen wollte, ehe er ihm erlaubt hätte, in die SS einzutreten. Aber er hatte den Fehler, jeweils zum Monatsersten seinen halben Lohn zu versaufen. Die Familie hatte folglich keinen besonders guten Ruf. Die Mutter meines Vaters konnte die Heirat zwar nicht verhindern, aber lange Jahre hetzte sie ihren Sohn gegen seine Frau auf. Er stellte sich immer wieder gegen sie.

Der Traum meiner Mutter war die Flucht aus dem Arbeitermilieu. Die Erfüllung solcher Träume erfordert eine Rigorosität, die zwar saubere und geordnete Verhältnisse herbeiführen kann, die aber auch gleichzeitig ein permanentes Gefühl von Unvollkommenheit erzeugt. Während meines Studiums fuhr ich hin und wieder zu meinen Eltern. Meistens traf ich meine Mutter zunächst alleine an, und so wurde es bald zur Gewohnheit, dass sie mir zur Begrüßung erst einmal zwei Stunden lang ihr Eheleid klagte. Ich hörte ihr aufmerksam und geduldig zu und erwies mich dankbar für die unerwartete Beteuerung, ich sei schon immer ihr Benjamin gewesen, der Herzlichste von allen. Regelmäßig legte ich mich mit meinem Vater an, warf mich für meine Mutter in die Schlacht. Als sie schließlich anfing, mir von ihren sexuellen Problemen mit ihm zu erzählen, weil sie doch keinen anderen habe, dem sie ihr Herz ausschütten könne, da war ich stolz und gerührt, dass sie mir solch eine Ehre erwies. Ein Detail ihrer Vertraulichkeiten irritierte mich allerdings sehr. »Ich ekele mich vor ihm, weil er sich nicht richtig wäscht!«, hatte sie einmal gesagt. Mein Vater ein Stinker, ein Schmutzfink! Ich war entsetzt.

Bei Auseinandersetzungen mit meiner damaligen Freundin bemühte ich mich um nichts so sehr, als den

Rang einer Ausnahmeerscheinung zu erlangen. Das Mindeste, was ein Mann zu tragen hatte, waren saubere Unterhosen. Aber wenn ich all das von mir in die Waagschale warf, was mein Vater nicht zu besitzen schien: Redegewandtheit, Offenheit, Temperament, kurz: Attraktivität, dann wähnte ich meine Freundin mir doch immer eine Nasenlänge voraus. Ich habe die Treppenhausszene zwischen meinem Vater und ihrer Mutter mit meiner Freundin täglich neu inszeniert.

Weihnachtszeit. Zwei Tage vor Heiligabend fuhr ich zu meinen Eltern und spürte schon unterwegs, dass ich Schmerzen beim Pinkeln hatte. Ich ging zum Arzt, und er präsentierte mir einen Befund, der mich auf seltsame Weise belustigte. »Junger Mann, Sie haben einen Tripper.« Als meine Mutter später fragte, was der Arzt denn gesagt habe, antwortete ich ihr: »Er meint, ich habe einen Tripper.« Einige Sekunden war sie sprachlos. Dann lief sie zum Küchenschrank und kramte das Buch »Ratgeber für die Frau« heraus, in dem ich als kleiner Junge immer heimlich geblättert habe. Darin stand: »Übertragbar nur bei Geschlechtsverkehr.« Trotzdem machte meine Mutter in den folgenden Tagen einen großen Bogen um mich. Mich ließ das erstaunlich kalt. Plötzlich fand ich Gefallen daran, meiner Mutter nicht mehr zu gefallen. Die Tür zu meinem Vater öffnete sich einen kleinen Spalt.

Ich betrachte ihn, wie er da im Campingstuhl sitzt. »Komm, wir machen ein Foto.«

Er schlägt die Augen auf.

Ich verschwinde im Wohnmobil und komme mit meinem Fotoapparat wieder. »Mit Selbstauslöser.«

Mein Vater postiert sich, ich blicke durch den Sucher. Plötzlich habe ich zwei alte Bilder vor Augen.

Auf dem ersten bin ich etwa elf Jahre alt. Mein Vater, einen Kopf größer als ich, steht halb hinter mir, halb neben mir, hat seinen rechten Arm väterlich um meine Schultern gelegt und lächelt. Ich dagegen blicke ernst in die Kamera, die Arme hängen schlaff herab, die Füße zeigen geradeaus.

Das zweite Bild hat meine Mutter etwa zwölf Jahre später geschossen. Ich bin etwas größer als mein Vater, der sich reckt, um seinen linken Arm um meine Schultern zu legen. Er lächelt mich an. Ich habe die Arme vor der Brust verschränkt, stehe unsicher und schaue zur Wand. Ich wollte nichts mit ihm zu tun haben.

Ich drücke auf den Auslöser, renne zu meinem Vater, stelle mich dicht neben ihn und lächle. Auch er lächelt. Dann macht es Klick.

Er rudert hinaus, um Schollen zu fangen. Gegen halb zehn will er zurück sein. Eine halbe Stunde vorher werde ich mit der Zubereitung des Abendessens beginnen. Ich setze mich mit dem Campingstuhl ans Ufer und schaue ihm nach, wie er langsam in die Mitte des Fjords gleitet und schließlich in einem Seitenfjord verschwindet.

Mein Vater hat mir nie im Weg gestanden. Ich habe keinen Übervater, er ist kein autoritärer Protz, der mich nicht hat hochkommen lassen, den ich hätte töten müssen, um ihn zu überwinden, um weiterzukommen. Wie andere studierte Arbeitersöhne habe ich einen Vater, der sich spätestens nach den Dreisatzaufgaben geschlagen geben musste. Trotzdem hat er mir nie die Anerkennung versagt, wenn mir handwerklich einmal etwas gelang. Ich werde bald auf der Stelle treten, wenn ich ihm nicht in die Augen blicke – wie in einen Spiegel.

Die Sonne senkt sich allmählich hinter den Berg, der unseren Fjord im Westen begrenzt. Ich drehe mir eine Zigarette und betrachte meine Finger, meine Hand, meine Arme. Auf den Handrücken treten dicke Adern hervor, die sich bis zu den Oberarmen hinaufziehen. Alle deine Kinder, Vadder, haben das von dir geerbt! Ich beuge mich nach vorn und schaue auf die ruhige Wasseroberfläche. Mein Gesicht ist schmal.

»Sie sind ein Magentyp«, hat einmal ein Arzt zu mir gesagt. Ich lag auf der Untersuchungsliege und klagte über ständige Magenschmerzen. Mit seinem Zeigefinger strich der Doktor über meinen nackten siebzehnjährigen Bauch. Zurück blieb ein zarter, roter Striemen. »Sehen Sie? Das heißt, Sie sind ein sehr empfindlicher Typ.«

Ich bin ein ängstlicher und misstrauischer Mensch. Ich gelte als der große Pessimist unter meinen Freunden. Ich kann sehr abweisend sein, lasse niemanden leicht an mich heran. Fremden gegenüber bin ich oft sehr unsicher, und ich weiß auch oft nicht, worüber ich mich mit Leuten unterhalten soll. Bildung hat meinen Horizont erweitert. Das aber scheint der einzige gravierende Unterschied zwischen mir und meinem Vater zu sein.

Vor unserem gemeinsamen Urlaub schwelgte ich in Träumen von Abenteuern, die Vater und Sohn Seit an Seit in einer wild-romantischen Landschaft bestehen würden. – Verflucht habe ich diesen Urlaub schon. Ich habe mich über meinen Vater geärgert, wenn mir sein Pessimismus auf die Nerven ging. Ich war eingeschnappt, wenn er sich auf keine Diskussion mit mir einlassen wollte. Mein Vater sagt immer nur: »Mir schenkt auch keiner was.« Und verdammt, es stimmt!

Mein Vater legt an, zieht das Boot ans Ufer und kommt mit der Reuse voller Schollen zu mir. Er ist gut gelaunt. Ich begleite ihn zu dem Felsen, um die Fische auszunehmen. Eine junge Frau geht an uns vorbei.

»Hast du gesehen?« Er grinst mich schelmisch an. »Die hat dich angelächelt.«

Ich werde rot. »Nein, nein, die hat dich angelächelt.«
Ich knuffe ihn am Arm.

Mein Vater lacht laut auf.

Später beim Essen sagt er: »Schieb doch nochmal die
eine Kassette ein, wo das Stück drauf ist mit der Gitarre,
die immer so schön jault.«

Nach einigem Suchen ertönt »Brothers in arms« von
den Dire Straits. Dann kommt ein Stück von John Lee
Hooker. Hooker singt »I'm in the mood...«

Mein Vater wiegt den Kopf im Takt und kaut eifrig,
spuckt die Gräten auf die Serviette und ruft: »Das ist
Musik!«

Post Skriptum 1999

Zehn Jahre sind seitdem vergangen. Mein Vater lebt
noch, hat aber inzwischen keinen Magen mehr. Das
geht. Ich fühle mich ihm sehr verbunden, auch wenn
seine schlechte Laune und seine Bärbeißigkeit im Alltag
nur schwer zu ertragen sind. Wir mögen und behandeln
uns in respektvoller Distanz. Mit meiner Mutter habe
ich eine Regel vereinbart: Keine Geschichten mehr über
den Vadder. Seitdem geht's.

Nachwort

Ein Freund erzählt voller Stolz, dass er seiner Tochter im Urlaub das Schwimmen beigebracht hat. Ein anderer sorgt sich um seinen neugeborenen Sohn, der auf der Intensivstation liegt. Der Nachbar ist den Tränen nahe, weil seine Tochter durch das Abitur gefallen ist. Ein älterer Bekannter nimmt schmerzhaft wahr, dass seine Kinder immer weniger Lust haben, etwas mit ihm zu unternehmen.

Einer entdeckt mit gemischten Gefühlen, wie ähnlich er seinem eigenen Vater ist. Der Kollege nähert sich seinem Vater vorsichtig wieder an, nachdem er jahrelang in großer Distanz zu ihm gelebt hat.

Das Thema begegnet uns überall. So viel Vatersehnsucht. So viel Liebe zu den Kindern. So viel Bemühen, ein guter Vater zu sein. Und so viel Verunsicherung, wie das denn möglich sei.

Von solchen Erfahrungen erzählen die Männer in diesem Buch. Es sind gleichzeitig Berichte von tiefen Gefühlen, von Trauer und Freude, von Stolz und Enttäuschung, von Wut und Liebe.

Es ist nicht möglich, diese Erfahrungen auf einen Nenner zu bringen. Was der eine Vater so erlebt, erlebt ein anderer umgekehrt. Es gibt eine Vielzahl durchaus widersprüchlicher »Vatergefühle«; und oft genug besteht diese Vielfalt auch innerhalb einer einzelnen Männerseele:

171

Auch da ist nicht einfach alles nur schwarz oder weiss, nur beglückend oder nur enttäuschend. Viel häufiger sind es gemischte Gefühle, die einen Mann als Vater erfüllen.

Bei aller Unterschiedlichkeit des Stils und der Erfahrungen, die die einzelnen Beiträge auszeichnen – etwas ist uns jedoch immer wieder aufgefallen:

Wenn ein Mann Vater wird, wird er damit konfrontiert, dass er auch Sohn ist. Die neue Rolle ruft (emotionale) Erinnerungen an das eigene Kind-Sein hoch, und es tut gut, diese Erinnerungen kritisch und freundschaftlich zugleich zu betrachten:

Indem ich mir bewusst mache, wo ich mir meine Strategien angeeignet habe, mit Wut und Trauer umzugehen, kann ich fantasievoll nach neuen und anderen Strategien suchen. Wenn ich den Kontakt mit meinem Vater wieder aufnehme, kann ich beginnen, mein eigenes Schweigen zu überwinden. Wenn ich mir klarwerde darüber, wo ich gelernt habe, wie Eltern miteinander zärtlich sind, kann ich das Befreiende davon dankbar beerben, aber auch zurückgeben, was mich in meiner eigenen Partnerschaft hindert. Indem ich mich selbst kümmere um den kleinen Jungen in mir, der sich nach Hilfe und Schutz sehnt, entlasse ich meine leiblichen Kinder aus der Überforderung, diese Zuwendung leisten zu müssen.

Der Blick in die Vergangenheit entlastet das Verhältnis zum Kind. Je mehr wir Väter die kleinen Jungen, die wir selbst einmal waren, lieb gewinnen, desto näher können wir unseren Kindern sein. Sie brauchen unsere Liebe, unsere Gegenwart und unseren kritisch-wohlwollenden Blick.

Die Autoren

Dr. theol. Armin Bettinger, geboren 1960, ist verheiratet und Vater von zwei Söhnen. Dissertation zum Thema »Leben im Alltag der Gegenwart als Herausforderung an die christliche Spiritualität«. Als Pastoralreferent war er neun Jahre lang in einer Pfarrgemeinde tätig. Weiterbildungen in Transaktionsanalsyse und systemischer Beratung.

Seit 1993 ist er in der Erwachsenenbildung der Diözese Würzburg Referent für Familienbildung mit den Schwerpunkten Arbeit mit Paaren, Männerarbeit.

Andreas Borter, geboren 1951, ist Vater von zwei Kindern, eines davon geistig behindert. Der Theologe und Organisationsberater lebt und arbeitet als Kursleiter, Berater und Familienmann in Bern und Burgdorf in der Schweiz.

Dr. phil. Hermann Bullinger, geboren 1948, ist Dozent für Sozialpädagogik an der BA-Sachsen. Von 1980 bis heute in der Väter- und Männerarbeit engagiert. Der Diplompädagoge veröffentlichte u.a.: »Wenn Männer Väter werden. Schwangerschaft, Geburt und die Zeit danach im Erleben von Männern« und: »Wenn Paare Eltern werden. Die Beziehung zwischen Frau und Mann nach der Geburt ihres Kindes«.

Dr. med. Stephan Hagen, geboren 1950, verheiratet und Vater von zwei Söhnen (13 J. und 16 J.). Facharzt für psychotherapeutische Medizin. Psychotherapeut in eigener Praxis in Würzburg. Referent für Transpersonale Psychotherapie im Bund Deutscher Yogalehrer (BDY) und Gründung des Instituts für Personales und Transpersonales Wachstum (PTW).
Jahrelang Zen-Schüler von Roshi Williges Jäger, Würzburg, und Meditationsschüler von Jeru Kabbal, Californien.

Dr. theol. Lic.phil. Hans Jellouschek, geboren 1939, ist Vater zweier erwachsener Töchter aus erster Ehe. Er ist Eheberater, Psychotherapeut und Lehrtherapeut für Transaktionsanalyse. Psychotherapeutische Praxis in der Nähe von Tübingen mit Schwerpunkt Paartherapie. Seit 25 Jahren tätig in der Fort- und Weiterbildung von Therapeuten und Eheberatern. Autor mehrerer Bücher über Paarbeziehungen und Männerthemen, unter anderem »Die Kunst als Paar zu leben« und »Mit dem Beruf verheiratet«.

Hubert Kößler, geboren 1962, ist verheiratet und Vater zweier Töchter. Nach dem Studium der katholischen Theologie in Tübingen seit 1990 Gemeindeseelsorger in einer Kirchgemeinde in Bern. Einen Schwerpunkt legt er auf die Arbeit mit Männern (Männerspiritualität, Geburtsvorbereitungskurse für werdende Väter). Er ist Mitinitiator des ökumenischen Netzwerkes »Männerarbeit in der Kirche«, Bern.

Dr. theol. Markus Krämer, geboren 1946, ist verheiratet und hat zwei Töchter. Er studierte evangelische Theologie, Pädagogik und Soziologie. Ausbildung als Supervision und Gestalt-Psychotherapeut. Arbeit in eigener Praxis mit den Schwerpunkten Psychotherapie, Supervision und Fortbildung. Seit 1984 Leitung von Männergruppen, Workshops und Fortbildungen für Männer. Verschiedene Veröffentlichungen in den Feldern Arbeit mit Gruppen, Gestalttherapie und Männerarbeit.

Bernd Leibig, geboren 1949, hat aus erster Ehe zwei Kinder. Er ist Facharzt für Psychotherapeutische Medizin, Psychoanalytiker und Psychodramatherapeut in eigener Praxis in Ammerbuch. Erster Vorsitzender, Dozent und Lehranalytiker am C.G Jung-Institut in Stuttgart, Vorstandsmitglied in der Deutschen Gesellschaft für Analytische Psychologie (DGAP), dem Dachverband Jungscher Psychoanalytiker.

Professor Dr. theol. et phil. I Christoph Morgenthaler, geboren 1946, ist verheiratet und Vater einer Tochter und zweier Söhne. Nach dem Studium der evangelischen Theologie und der Psychologie war er von 1978–1985 Gemeindepfarrer in einer Kleinstadt. Seit 1985 ist er Professor für Seelsorge und Pastoralpsychologie an der Ev.-theol. Fakultät der Universität Bern. Autor mehrerer Bücher: u.a. »Der religiöse Traum« und »Systemische Seelsorge«.

Die Deutsche Bibliothek- CIP-Einheitsaufnahme
Ein Titeldatensatz für diese Publikation ist bei
Der Deutschen Bibliothek erhältlich

1 2 3 4 5   04 03 02 01 00

© Kreuz Verlag GmbH & Co. KG Stuttgart 2000
Ein Unternehmen der Dornier Medienholding GmbH
Postfach 80 06 69, 70506 Stuttgart, Tel. 0711-78 80 30
Sie erreichen uns rund um die Uhr unter www.kreuzverlag.de
Umschlaggestaltung: Jürgen Reichert, Stuttgart
Umschlagbild: Image Bank, München, Foto: Eric Meola
Satz: Rund ums Buch – Rudi Kern, Kirchheim/Teck
Druck und Bindung: Graphischer Großbetrieb Pößneck
Die Schreibweise entspricht den Regeln der neuen
Rechtschreibung.
ISBN 3 7831 1790 9